社会工作经典

服务案例

程代超　张义烈　编著

吉林大学出版社

·长春·

图书在版编目（CIP）数据

社会工作经典服务案例 / 程代超，张义烈编著. —
长春：吉林大学出版社，2023.3
（社会工作实务研究与实践系列丛书）
ISBN 978-7-5768-1590-0

Ⅰ．①社… Ⅱ．①程…②张… Ⅲ．①社会工作—案
例—中国 Ⅳ．① D669

中国国家版本馆 CIP 数据核字（2023）第 059469 号

书　名　社会工作经典服务案例
　　　　　SHEHUI GONGZUO JINGDIAN FUWU ANLI

作　　者　程代超　张义烈
策划编辑　李承章
责任编辑　蔡玉奎
责任校对　田娜
装帧设计　康博
出版发行　吉林大学出版社
社　　址　长春市人民大街 4059 号
邮政编码　130021
发行电话　0431-89580028/29/21
网　　址　http://www.jlup.com.cn
电子邮箱　jldxcbs@sina.com
印　　刷　湖南省众鑫印务有限公司
开　　本　787mm×1092mm　1/16
印　　张　11
字　　数　260 千字
版　　次　2024 年 5 月第 1 版
印　　次　2024 年 5 月第 1 次印刷
书　　号　ISBN 978-7-5768-1590-0
定　　价　50.00 元

前　言

《社会工作实务研究与实践》丛书，由宜宾学院社会工作专业教研室组织出版，计划用 4 年时间，共组织完成 8 本图书，2022 年完稿并出版的是《社区工作实务案例选编》（刘华强、陈世海编著）、《社会工作经典服务案例》（程代超、张义烈编著）。该套丛书的出版，是在 2019 年组织出版《社会工作与社会治理丛书》基础上，对近年来宜宾学院社会工作专业人才培养过程及成效的进一步总结，体现了教师和学生共同致力于基层社会工作服务与社会治理创新的行动与思考。

宜宾学院社会工作专业自 2002 年招生，是四川省最早设置社会工作专业的 4 个本科教学点之一。在 2019 年四川省教育厅专业评比中，我校社会工作专业在全省 15 个专业中排名前三，列入"强势"等级。本专业先后被评选为"校级重点学科""校级一流本科专业""省级特色专业""四川省应用型示范专业""国家级综合改革专业""四川省一流本科专业"。目前，社会工作学科群拥有专任教师 18 人（其中正高 8 人、博士 10 人），四川省学术和技术带头人后备人选 2 人，省级研究基地 1 个、省教厅重点研究基地 3 个，紧密支撑了三个人才培养方向。本专业扎根川南、面向川滇黔渝，培养服务基层治理、服务大众关切的应用型、高素质社会工作实务研究型人才，毕业生具备下得去、留得住的素养和扎根一线、持续发展的能力，致力于从基层改进相对落后地区不平衡不充分发展的局面，推进治理能力现代化。

儿童青少年社会工作领域，以四川省教厅人文社会科学重点研究基地——"农村幼儿教育研究中心"为依托，开展滇黔渝结合部的留守、困境、贫困、受灾等类型儿童青少年的社会服务、社会政策、代际扶贫等研究，对解决不平衡不充分发展，促进个人、家庭和地区的持续发展具有重要价值。本方向团队成员共 6 人，其中教授 3 人、博士 4 人；近五年承担国家社科基金课题 3 项、教育部课题 2 项；承担政府部门及行业组织委托的"弱势儿童青少年的教育扶贫研究"等横向课题 12 项；构建儿童社会服务体系的研究被省社科《重要成果专报》采纳，对四川省儿童福利主任政策的制定提供了支撑。

司法社会工作领域，依托四川省教厅人文社会科学重点研究基地——"社区矫正研究中心"、四川省法律援助研究所，开展社区矫正、信访维稳、安置帮教、人民调解、法律援助等司法社会工作研究，对完善基层司法治理、恢复社会功能、促进社会和谐有重要价值。本方向团队成员共 5 人，其中教授 2 人、博士 3 人；近五年承担国家社科基金课题 1 项、教育部等省部级课题 4 项；承担司法部门及行业组织委托的"社会工作应用于法律援助的路径研究"等横向课题 9 项。"县乡司法行政机构社区矫正权责实证研究""未成年人社区服刑人员的调查与反思"被四川省司法厅采纳,且应用于《中华人民共和国社区矫正法》征求意见。

党群工作与社会治理领域,依托四川省哲学社会科学重点研究基地——"四川思想家研究中心"和四川省教厅人文社会科学重点研究基地——"农村社区治理研究中心",开展契合新时代需求的党建引领下的社会治理能力现代化和社会治理体系创新研究。本方向团队成员共5人,其中教授3人、博士3人;近五年承担国家社科基金课题3项、省部级课题4项;承担党群部门及行业组织委托的"党建引领基层文化建设的策略研究"等横向课题8项。《加强社区党建引领城镇社区治理与服务体系》被宜宾市委组织部采纳并应用于改进社区党建工作。本方向与宜宾市委组织部联合培养人才。

本丛书的出版,得到了国家社科基金项目(留守儿童关爱保护的社会政策研究、社会语言学视域下农民工与留守儿童的言语互动研究),国家级综合改革项目(社会工作),省级一流本科专业项目(社会工作)、省级应用型示范专业项目(社会工作)、应用型示范课程项目(社会调查研究方法),省级教学改革项目(OBE2.0:社会工作专业应用人才培养的事业群模式探索)、省级新文科研究与改革实践项目(党建引领基层治理人才培养的研究与实践)、四川省高等教育人才培养质量和教学改革项目(事业群助推新文科基层治理人才培养模式探索)等诸多科研和教改项目的支持,编委会特予以致谢。感谢组织图书出版的吉林大学出版社编辑老师。感谢提供出版资料的全体同学和老师,感谢开展资料梳理与核对工作的同学。

编　者
2022 年 10 月

目　　录

第一部分　儿童青少年社会工作服务案例

案例一　家庭困境儿童个案服务案例

一、案例背景

服务对象 Z，女，11 岁。身体营养不良，虽身体无大病症但体质较弱，性格较内向，平时喜欢独处。小周喜欢画画，偶尔也照着课本书上的人画画玩，但是觉得自己画得不怎么样，从不敢把自己的画给别人看。在学校平时少与他人交流，学习成绩中等偏上。

服务对象 Z 家庭属于村里的建卡贫困户，父亲患有下肢残疾，平时靠在村里用三轮车拉客为生。母亲患有小儿麻痹症，日常生活时刻需家人料理，严重时甚至大小便失禁。由于父亲根深蒂固的重男轻女思想，对她和妹妹没什么期望，认为女孩子书读不好，初中过后就让她待在家里，将来嫁人算了。但服务对象 Z 很懂事，经常为父亲分担家务，父亲外出时一个人照顾母亲和妹妹。

服务对象 Z 一家人平时很少与同村来往，邻里之间关系偏淡，村支书和村妇女儿童之家家访也经常不开门。村委会人员反映服务对象特别敏感，只要她看见别人聚在一起讲话，就会认为是在讲她。对于邻居的同龄人，她总是以拒人于千里之外的态度，拒绝与其交往，也从不肯参加村内活动。

服务对象 Z 知道自己的性格缺陷，有时也很想与同学和同村儿童一起游玩，但遇到同学和同村儿童玩的游戏、玩具她不会时，便自己躲在一个角落发呆，有人邀请一起参与时也不愿融入进来，对自己有深深的自卑感。长期独自一人，久而久之便成了习惯，有时也会陪妹妹，但因妹妹年龄较小，"小大人"的她觉得和妹妹一起玩耍很没有意思。

二、需求分析

（一）服务对象的个人资料

1. 生理层面

体质较差，语言表达存在部分障碍，与他人交谈时说话声音小，经常低头，吐字不清。服务对象自小帮助家人分担家务，自理能力较强，能够照顾自己的日常生活，比如简单的洗衣做饭、打扫卫生等，平时也帮妹妹、母亲整理衣物，是一位"居家小能手"。

2. 心理层面

性格内向，属于典型的黏液质女生，害怕与陌生人交流甚至拒绝出门，一是受家庭环境的影响，没有固定的同辈群体，难以重新接纳新伙伴；二是长期居于室内不愿外出与他人游玩，缺乏对外界的好奇；三是服务对象Z自尊心较强，容易觉得旁人是在议论自己，易产生自卑感。在认知方面，具有清晰的逻辑思维能力，反应灵活，举止得体，在家人面前无拘无束，是一位能干的"小大人"。

（二）服务对象的生态系统资料

如图 1-1 所示，家庭内关系融洽，虽然家庭不太接受村妇女儿童主任的家访，但是在定期的走访中取得了服务对象Z的信任，与服务对象Z建立了良好的关系。服务对象Z很喜欢上学，成绩也属于中等偏上，但因自身不善于与他人交流，与同学、同辈群体和邻里关系较淡薄，甚至可以长期不来往。

生态系统图

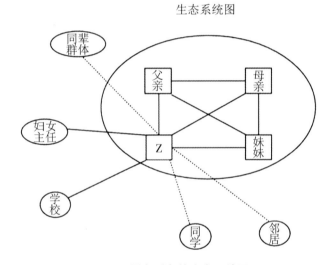

图 1-1　服务对象的生态系统图

（三）服务对象问题及需求界定

1. 以需求为导向，界定问题

（1）自身缺乏自信，社会交往能力弱。

（2）性格内向甚至孤僻，不善与人交往，容易受到同龄人的欺凌和殴打等。

（3）家庭经济条件差，生活水平低下，导致营养不良、体弱多病。

（4）监护人的重男轻女思想导致监护和照料少。

（5）学业教育帮扶不足，遇到作业困难时得不到及时有效的辅导。

2. 以资源为导向，识别优势与障碍

（1）服务对象Z有一个健全的家庭，对家庭成员都有着较强的依恋感。但父亲观念老旧，有重男轻女思想又忙于工作，母亲患有小儿麻痹症，缺少监护和照料。

（2）服务对象Z的父亲虽有残疾但仍努力就业，加之每月有固定的低保金领取，虽然家庭经济困难，但能勉强维持家庭日常开销。

（3）服务对象 Z 虽然缺少监护和照料，但也锻炼了其自理能力，能够照顾自己的日常生活，能做许多简单的家务，是一位"居家小能手"。

（4）服务对象 Z 具有清晰的逻辑思维能力，反应灵活，但由于其缺乏自信、不善交际，在遇到作业困难时不敢求助。

三、服务计划

（一）服务模式

1. 心理社会治疗模式

心理治疗模式提供了很多直接治疗技巧，非反思性直接治疗技巧和反思性直接治疗技巧。其中，支持——通过社会工作者的了解、接纳和同感等方式减轻服务对象的不安，给予服务对象必要的肯定和认可；直接影响——社会工作者通过直接表达自己的态度和意见促使服务对象发生改变；现实情况反思——社会工作者帮助服务对象对自己所处的实际状况做出正确的理解和分析的技巧；心理动力反思——社会工作者协助服务对象正确了解和分析自己内心的反应方式的技巧等可以运用于本个案服务，协助服务对象树立和提升自信，提升社会交往能力，并完成其个人成长计划。

2. 结构式家庭治疗模式

结构式家庭治疗模式是根据评估之后制定的治疗方案展开各种服务活动。就一般情况而言，需要完成 3 个方面的任务：第一，改变家庭成员的看法。当家庭成员遇到问题，通常会将问题的原因归结为某个家庭成员或者外部环境，忽视家庭成员交往方式与问题之间的联系。社会工作者需要改变家庭成员的看法，引导家庭成员直接面对家庭的交往方式。第二，改善家庭结构。家庭问题通常表现为家庭边界的不清晰，家庭成员之间或者过分疏远或者过分亲密。通过改善家庭的基本结构，就能发挥整个家庭的功能。第三，改变家庭错误观念。每个家庭都有自己的期望、要求和价值观，社会工作者通过挑战家庭的一些错误的观念，让家庭成员从不同的角度观察和理解日常生活。在本个案服务中，需要改变服务对象父亲的观念，鼓励父亲凡事多与服务对象 Z 沟通，多关心她，让她能感觉到家庭的温暖。

（二）服务目标

（1）引导服务对象树立和提升自信，提升社会交往能力，乐观地看待生活及身边的事物。

（2）协助服务对象制订个人成长计划，促进其自我发展。

（3）改变家庭的教育观念和照顾方式，鼓励父亲凡事多与服务对象 Z 沟通，多关心她，让服务对象 Z 能感觉到家庭的温暖。

（4）协助父亲提升日常生活技能，给予服务对象 Z 舒适的成长环境。

（5）链接相应政府资源，缓解家庭经济压力。

（三）服务策略

（1）鼓励支持服务对象 Z 多参与村内和学校开展的各类活动。

（2）与服务对象 Z 一起制订成长计划，明确未来发展方向。

（3）开展村内监护人培训，并邀请服务对象 Z 的父亲参与，引导服务对象 Z 的父亲形成良好的教育观念。

（5）引导父亲正确的家庭照顾方式，让服务对象 Z 能感觉到家庭的温暖。

（6）联系相关政府部门，加大对"困境儿童"的关注与照顾。

四、服务过程

（一）第一次服务：关系建立，给予支持

1. 服务目标

初步建立专业关系，鼓励服务对象展示自我和尝试建立社交，促使服务对象能乐观地看待生活及身边的事物。

2. 具体过程

社会工作者为服务对象 Z 带来绘画工具，观看了服务对象 Z 的绘画作品，并开展以下对话。

社会工作者："Z，我看了你这么多作品，为什么大多数的画里都是一个人？"

服务对象 Z："一个人多好，可以不用想那么多，而且人物太多了，看着不好看！"

随后邀请志愿者带领服务对象 Z 观看多人物的绘画作品，并为服务对象 Z 讲解绘画时的颜色搭配和绘画技巧等，服务对象 Z 也请教了志愿者很多的问题。

社会工作者："Z，其实和他们交流并不困难吧！"

服务对象 Z（默默低头轻语）："我喜欢你们，但是我一看见同学和村里的其他小孩就不想说话！"

社会工作者："其实你并不是沉默寡言的小孩，相反你是一个内心世界很丰富的人，而且你总会给人带来惊喜，你画得很好看，如果你能展示出来给其他小朋友看，他们绝对会很喜欢的！"

经过初步交流让服务对象 Z 认识到自身的优势，并意识到与他们交流并不是一件很困难的事。随后社会工作者和服务对象 Z 来到家里的奖状墙处，鼓励服务对象 Z 获得更多的奖状，并希望她能获得一次绘画类的奖状。服务对象 Z 很高兴，也更愿意和社会工作者交流了，在离开家之前约定下次时间，同时也邀请服务对象 Z 参与小组活动。

3. 服务小结

经过第一次的正式介入，初步达到预期效果，在增强服务对象 Z 自信的同时，也进一步增强了服务对象 Z 的绘画能力。在与他人交流过程中，服务对象 Z 仍偶尔低头不语，但

沉默的次数在每次问答过程中减少，服务对象 Z 虽然愿意与社会工作者和志愿者沟通，但听到邀请参加小组活动仍处于躲避状态，需要多次鼓励服务对象 Z 才能答应参与下次活动。

（二）第二次服务：持续鼓励，转变策略

1. 服务目标

鼓励和引导服务对象参与小组活动，推动服务对象走出家门，提升服务对象的社交自信心。

2. 具体过程

社会工作者第二次来到服务对象 Z 家里，看见服务对象 Z 正在认真读书，此时社会工作者并没有直接打断服务对象 Z，而是转身询问服务对象 Z 父亲服务对象 Z 近期的情况。在与服务对象 Z 父亲的交谈中得知，经过第一次的接触后，服务对象 Z 与他人沟通状况较之前有所改善，能主动同妹妹及父亲分享自己一天所做的事情，哪些事让自己印象更深等。服务对象 Z 愿意与家人开始交流心扉，但对外界仍处于排斥状态。经过第一次服务，服务对象 Z 虽然有了改变，但仍需进一步交流。

服务对象 Z 读完书从房间里走出来，看到社会工作者及志愿者的到来很开心也很意外。

服务对象 Z（高兴）："哥哥你看，这是我前几天所画的绘画。"

说着就把自己的绘画作品拿给社会工作者看。

社会工作者："Z，我听爸爸说了你近期的改变，Z 很棒，现在愿意与家人分享自己的生活"。

听到社会工作者夸赞自己后，服务对象 Z 很自豪，立即对社会工作者滔滔不绝地说着自己近期做了哪些有意义的事。社会工作者边聆听边鼓励地听服务对象 Z 说完。

社会工作者："Z，还记得上次我们的约定吗？我们一起去参与村妇女儿童主任组织的儿童活动"。

服务对象 Z（低头）："其实我就想在家里待着，有你们在，我们也能在家一起活动游戏"。

社会工作者（鼓励）："Z，你是一个遵守承诺的好孩子，哥哥其实很希望能与你一起去村活动室参加活动"。

在社会工作者多次鼓励和邀请下，服务对象 Z 仍然婉拒。此时社会工作者改变原有服务计划，由去村活动室改变为家访活动。随后社会工作者与服务对象 Z 商讨服务形式，并商定下次邀请同村儿童来家里游玩。

结束家访后，社会工作者来到村办公室，与村妇女儿童主任交流，获得村妇女儿童主任的支持。并在下次服务过程中，邀请同村年龄相近的儿童一同前往服务对象 Z 家里开展活动。

3. 服务小结

经过第二次的服务后，继续巩固服务对象 Z 与他人交往的能力，并链接正式资源的支持。增强服务对象 Z 的学习能力，赞赏服务对象 Z 认真学习的良好习惯。在获得服务对象 Z 同意后，原计划在村活动室开展的小组活动，更改在服务对象 Z 家里组织儿童开展。

（三）第三次服务：情境影响，促进融入

1. 服务目标

促进服务对象在小组活动中与他人交流、展示自我，以提升其自信心和社交能力。

2. 服务过程

社会工作者及志愿者早早来到服务对象 Z 家里，社会工作者未见到服务对象 Z，询问其父亲得知，服务对象 Z 知道今天大家会来家里，怕人多所以躲在房间里。社会工作者随后来到服务对象 Z 房间，看见沉默不语的服务对象 Z。

社会工作者："Z，很高兴能再和你见面"。

服务对象 Z 只看见社会工作者及志愿者的到来便轻松很多。

服务对象 Z（小心翼翼）："我也很高兴和你们在一起，是不是同村的小朋友今天都不会来？"

社会工作者："他们随后就到，今天我们可以认识很多好朋友"。

随后村妇女儿童主任带领一部分儿童来到服务对象 Z 家里，服务对象 Z 仍不愿出门，社会工作者此时组织其他儿童坐下，并讲解今天小组活动的目的及活动流程，并邀请每位儿童一一介绍自己，开展前期破冰游戏，社会工作者利用情景模式影响服务对象 Z 参与活动。

在大家的欢声笑语中，服务对象 Z 偷偷在窗外看着大家游戏，社会工作者偷偷观察到服务对象 Z 其实很想参与此次活动，但自信心不足需要再次鼓励。

社会工作者："其实今天我们还有一位小朋友可以一起参加，我希望大家能邀请她一起"。

最后在同村小朋友、志愿者、村妇女儿童主任的鼓励下，服务对象 Z 勇敢地走出房间门，参与今天的小组活动。

社会工作者为小朋友讲解了自我安全防护，如何调节自己的情绪，并教会大家"蝴蝶拍"等自我调节方法。在结束时每位小朋友一一分享了自己的感受，轮到服务对象 Z 时，虽然声音稍低但能清晰听到，能看出服务对象 Z 很想融入这个小组。在大家一起手拉手唱完"我们是共产主义接班人"后，结束了此次小组。

当大家都离开后，服务对象 Z 拉着社会工作者的手。

服务对象 Z："原来他们都很好接触，没有我想的那样难以交往"。

社会工作者："是的，其实大家都很想认识 Z 呢，和其他人在一起没有想象的那样难，对吧？"

服务对象 Z 点点头，并表示以后村上的活动她都很愿意参加。

3. 服务小结

刚开始服务对象 Z 腼腆不自信，不能正视自己。社会工作者运用场景环境，持续鼓励服务对象 Z 积极融入环境中，融入小组群体中，实现与他人正常交往的目标。

（四）第四次服务：观念澄清，转变理念

1. 服务目标

改变服务对象父亲的教育观念，尤其是重男轻女思想，鼓励父亲凡事多与服务对象沟通，多关心她。

2. 服务过程

社会工作者及志愿者来到服务对象 Z 家里，看见服务对象 Z 正在与妹妹一起玩。从服务对象 Z 父亲口中得知，服务对象 Z 近期改变很大，原来在家不出门，现在偶尔会出门与同村小朋友打招呼，并分享自己好玩的游戏等。社会工作者了解服务对象 Z 近期改变的同时，也观察到服务对象 Z 父亲的一些改变，并提出一些自己的见解。在获得服务对象 Z 父亲信任后，父亲说出自己内心最深处的想法。

Z 父亲："女儿家，应该在家，虽然不要求她大门不出二门不迈，但不希望她过多与他人交往，希望她长大后能找个人老实嫁了，她毕竟不是儿子家，不需要那么多知识和朋友，以后能好好照顾自己的家庭就行"。

Z 父亲明显的重男轻女思想引起了社会工作的重视，希望借助观念的澄清，转变 Z 父亲的教育理念和方式。

社会工作者："儿女都一样，你看，Z 比男孩子更能干，我们已经不是原来旧社会时候了，孩子也有她自己的人生"。

Z 父亲虽然听社会工作者这么说，但仍然坚持自己教育观念。随后社会工作者拿出家庭教育视频和案例给 Z 父亲观看，并与 Z 父亲进一步探讨。

Z 父亲："原来我一直也是为了她好，不过方法确实是不对"。

社会工作者："是的，做父母的都是为了女儿好，但并不是自己觉得为了她好就一定是正确的，相反还遏制她个人的发展，其实 Z 在很多地方都优于其他小朋友"。

Z 父亲（点头）："她很懂事，很能为我分担家庭重担"。

在社会工作者和志愿者的共同影响下，Z 父亲意识到自己的教育观念是错误的，并在以后的生活中改正。

3. 服务小结

现农村仍然存在重男轻女的思想观，尤其是偏远地区，服务对象 Z 父亲深受自己父辈教育观念的影响。社会工作者经过多次沟通和宣讲，让 Z 父亲对男女平等、儿女一样有了认识，并意识到自己的教育观和思想观错误的地方。当然，观念的改变并不是一次活动就能促成的，但是当其能意识到并愿意付诸行动时就已经是成功的开始。

（五）第五次服务：持续强化，稳固改变

1. 服务目标

引导父亲改变照顾方式，让服务对象 Z 能感觉到家庭的温暖。

2. 服务过程

在经过与社会工作者的第一次长谈后，Z 父亲意识到自己对子女教育上的不足之处，受传统文化观念、个人文化情况、个人际遇等多种因素的影响。Z 父亲管教方式简单粗暴，双方沟通受阻。但经过社会工作者服务的介入，家长愿意做出改变和尝试，让家庭的氛围有了转机。目前，社会工作者仍在持续跟进，并继续帮助增强家长的教养技巧及坚定教养信心。期望这样的家庭氛围可以更加稳固，能够持续为服务对象 Z 和妹妹提供更充足的成长支持力量。

社会工作者对 Z 父亲进行家庭教育理念及相关技巧的辅导，Z 父亲也在行为上有了很大的改变，包括大量减少打骂、打击，转变为鼓励式、倾听等管教技巧，以更好地给予服务对象 Z 成长支持。

服务对象 Z 在家里比之前更活泼了，有时会像一个"小大人"一样与父亲探讨家庭事项，并做出自己的判断和意见，Z 父亲也感觉到 Z 的改变。服务结束后，父亲拉着社会工作者的手。

Z 父亲："真没想到，你们的到来会让这个家变化这么大，这么好，我一定会让她们好好读书，以后报效祖国！"

社会工作者"感谢你对我们工作的肯定，儿女都一样，Z 比大多数的孩子都懂事，都能干"。

3. 服务小结

由于自身文化水平有限，在子女教育上，服务对象 Z 父亲采用简单粗暴的方式，以"打、骂、吼"为主的教育观念。在经过社会工作者介入后，Z 父亲也意识到自身教育方式的错误，并采取社会工作者给出的建设性建议。现在家庭各成员关系融洽，家庭氛围浓厚。

（六）第六次服务：能力提升，成长计划

1. 服务目标

提升服务对象及其父亲的生活照顾能力，协助服务对象树立目标，制订个人成长计划。

2. 服务过程

社会工作者来到服务对象 Z 家里，看见服务对象 Z 和父亲正在商讨如何为家里增收。

Z 父亲："家里门前有一些砖头，是当时修缮房子剩下的，现在想在门前做一个小围栏养鸡，这样孩子每天也有鸡蛋吃"。

针对 Z 父亲的想法，社会工作者为其讲解了国家扶贫政策。

随后经过服务对象 Z 允许，来到其房间。看着服务对象 Z 杂乱无章的房间，便和志愿者一同演示家务整理，服务对象 Z 在一旁仔细观看。社会工作者组织服务对象 Z 及父亲一起接受日常生活技能培训，学会了如何更好地照顾患有小儿麻痹症的母亲。

之后，社会工作者引导服务对象 Z 思考人生目标。

社会工作者："Z，以后长大了想成为一个什么样的人？"

服务对象 Z："我想当医生，这样我就可以帮妈妈看病了"。

社会工作者"那你有什么打算？"

服务对象 Z："我要努力学习考大学"。

针对服务对象 Z 想成为医生的梦想，社会工作者提供了相关信息，并协助服务对象 Z 完成个人成长计划。

Z 父亲在一旁听着我们的谈话，悄悄地落泪。

父亲："Z 从小就很懂事，妈妈一直都有小儿麻痹症，虽然也看了很多医生，但是效果不佳"。

随后社会工作者对 Z 父亲的艰辛付出及责任心方面表示认同，并从家人和睦的角度舒缓其情绪。

3. 服务小结

社会工作者为 Z 父亲讲解扶贫政策，并讲解办理流程。服务对象 Z 讲述了自己的梦想，并为自己制订了个人成长计划。母亲患有小儿麻痹症无法自理生活，需他人照顾，通过参与培训，服务对象 Z 和父亲掌握了正确的照顾方法。

（七）第七次服务：资源链接，激发信心

1. 服务目标

链接相应资源，学习科学喂养技术，缓解家庭贫困状况。

2. 服务过程

社会工作者链接民政部门相关资源，机构成员一行人来到服务对象 Z 家里，为服务对象 Z 家送去 10 只鸡苗。在发放鸡苗时，叮嘱养鸡注意事项、圈养消毒、疫情防治等养殖常识，帮助提高鸡苗成活率。服务对象 Z 看到鸡苗高兴不已，父亲也非常激动。

Z 父亲："这些都是已经长到 2 斤左右的鸡仔，好养活。"

社会工作者："你要按照养殖常识科学喂养，等过一段时间鸡苗长大了，不但能下蛋还能继续孵化小鸡仔"。

"授人以鱼不如授人以渔"，不仅给服务对象 Z 一家带来物资上的支持，更增强了 Z 父亲自我发展、自我创造的能力，激发了家庭发展养殖业激情，用自身行动改善生活状况。

3. 介入小结

社会工作者作为资源链接者，只有动员和整合社区中蕴藏的各类资源，才能为有需求的个人或群体提供更有效的服务。个案工作、小组工作和社区工作作为社会工作的三大专业方法，各有差异与侧重，但都强调资源为本、持续发展。虽然 10 只小鸡苗不能从根本上解决服务对象家庭的贫困问题，但却能让他们看到改变现状的希望，树立起自信心。相应地，在后续的服务中社会工作者还可以链接其他的资源来帮助服务对象及其家庭。

五、服务评估

（一）评估方法

社会工作者采取质性方法进行评估，通过服务对象、服务对象的家人、村妇女儿童主任等的反馈，工作者的总结，以及服务过程中的服务记录等材料，开展对服务对象 Z 服务成效的综合评估。

（二）目标达成情况

（1）服务对象愿意走出家门参与活动，并且能够分享自己的画和故事，社交能力得到了提升。

（2）服务对象的梦想是成为一名医生，社会工作者肯定了她的想法，并且提供了一些建议和协助制订个人成长计划，促进服务对象树立自信心和自我发展。

（3）服务对象父亲认识到了自己的"重男轻女"观念以及有误差的"为了孩子好"的行为，愿意改变，也愿意多与服务对象沟通，由此服务对象能感受到更多的家庭温暖。

（4）服务对象父亲增强了日常生活照料的技能，并且链接了民政、妇联、村委等正式资源，为其安装了电灯、简易衣柜等日常物品，教授了养殖知识。一方面缓解了其家庭经济压力、树立起改变现状的自信心；另一方面改善了其家庭居住环境，给予服务对象 Z 舒适的成长环境。

（三）介入过程及现状总结

（1）在增强服务对象 Z 自信的同时，也进一步增强了服务对象 Z 的绘画能力。

（2）服务对象 Z 仍不愿参与小组活动时，社会工作者调整服务策略，由村上开展小组活动改为在服务对象 Z 家里开展小组活动。

（3）服务对象 Z 父亲重男轻女思想观念重，在社会工作者多次面谈过程中否认自己的教育观念不足，经过多次面谈和反复观看案例和视频等，最终父亲认识到自己教育观念上的不足，并在生活中有所改变。

（4）村妇女儿童主任虽然能协助开展服务对象 Z 个案服务，但由于专业性不强，在个案工作的协助上需社会工作者做个案前的培训。

（5）社会工作者链接多方正式资源，服务对象 Z 家里有足够的生活必需品。

（6）招募生活技能强的志愿者为服务对象 Z 开展日常生活技能培训，使服务对象 Z 在以后的生活中更便捷、更科学。

六、总结与反思

家庭困境儿童不成熟性、脆弱性、易受影响性、资源短缺性的特征使得他们面临多种问题,又无法及时得到解决。在实际生活中,家庭困境儿童社会适应处于弱势状态,更易因父母状况受到同伴欺辱而产生社会适应问题。因此,一方面需要重点关注家庭困境儿童"家庭责任"的落实,提高其家庭功能,减缓因困境带来的家庭功能削弱,从而促进家庭困境儿童的社会适应;另一方面也要链接相关资源,保障家庭困境儿童的基本生活需要,创造利于健康成长的家庭、社区、学校及社会环境,切实保障其全面发展。

案例二 儿童课后发展小组服务

一、案例背景

C社会工作服务中心属民办非企业独立法人机构,主要致力于社区治理、党建创新、青少年社工服务等社会服务项目。2020年机构全面承接S省民政厅城乡社区治理试点项目D街道"三社联动"机制创新项目、F社区便民服务型试点项目、M社区社会组织参与型试点项目,以及市、县、区多个社区治理、儿童青少年服务、党建创新、老年人关爱社会工作及志愿服务项目。

其中,HD社区儿童群体面临着一个突出的社会问题,即学生放学后四点半的"真空时间"现象,学生放学了而家长还没有下班,导致放学后的管教真空,孩子不写作业、街头晃荡、安全难以保证、形成不良的品格和行为习惯等成为家长最头疼的问题。基于服务对象的实际需求,机构计划开展"爱在HD·四点半课堂"活动,将有需求的孩子集中到社区的"儿童之家",并组织开展课业辅导、经典学习、安全教育、品格塑造等板块的服务,通过大学生志愿者和专业社会工作者的成长陪伴,填补四点半课后孩子的教育空缺,引导培育孩子积极健康心理品质和孝敬的行为习惯。

二、需求分析

(一)服务需求

1. 安全的需求

儿童存在放学后的"真空时间",其真空表现在学生放学了而家长还没有下班,孩子们处于管教的真空时间里。在这个时间段里,孩子们的安全问题尤其凸显,回家路途中的安全、个人在家的安全、遇到突发情况时的应急逃生等问题值得关注。

2. 课业辅导的需求

在放学后的"真空时间"里另一个值得关注的问题即是课业辅导,诸如遇到问题没有人求助、注意力不集中作业完成质量差、直接不写或乱写作业等现象频现。因而孩子们有着较强的课业辅导需求。

3. 品格塑造的需求

当今社会中，孩子们都是家庭的"掌心宝"备受呵护，却往往忽视了对他们品德的塑造，再加之信息时代的爆炸式信息接触，孩子们容易受到不良信息的影响，形成不良的品德。因而，以"孝顺"为主题开展品格塑造活动是非常有必要的。

（二）理论分析

1. 认知行为理论

认知行为理论把人的问题归结为认知、行为和情绪三者之间相互影响的结果，并不是由认知或者行为单方面因素发挥作用导致的。一是认知对人的情绪和行为有着重要的影响；二是人的行为能够影响人的思维方式和情绪。

认知行为理论认为可以通过改变思维和认知的方法来修正行为。人们在日常生活中就要对日常发生的事件进行评估，进而形成认知，这样的认知就会影响人们的情绪和行为，而行为又会反过来影响人们的认知和情绪。因此，针对服务对象的问题需要从认知、行为和情绪三个方面同时着手。

2. 社会学习理论

班杜拉的社会学习理论强调人的行为、思想情感反应方式和行为不仅受直接经验的影响，同时也受间接经验的影响；行为与环境具有交互作用；观察和模仿学习是学习的重要过程，在学习过程中，认知是非常重要的；人在学习过程中具有特别的自我调节的过程。

在小组工作过程中，每个成员都是一个资源库，小组成员会分享各自在小组学习过程中的想法、经验、感受，这样可以为其他组员提供学习的榜样或者前车之鉴，充分发挥替代强化的作用。

三、服务计划

（一）服务目标

1. 总目标

通过小组活动，提升儿童的学习能力，增强学习兴趣，加强对中华传统美德的传承。

2. 分目标

（1）通过课后作业的辅导，解决家中无人辅导作业的难题，助力于儿童学习成绩的提升。

（2）通过活动增强青少年对孝敬观念的学习和传承。

（3）鼓励组员积极参与互动、展示自我，增强儿童的自信心。

（4）通过活动增强儿童的安全意识。

（二）服务对象

（1）特征：H社区留守、困难儿童。

（2）服务意愿：需要提升成绩，愿意继承传统美德。

（三）服务信息

（1）小组名称："提升能力 传承美德"儿童成长小组。

（2）小组类型：开放式。

（3）小组性质：成长发展小组。

（4）小组地点：社区的"儿童之家"

（5）招募方法：在社区张贴海报进行宣传；以入户走访的形式进行宣传和招募；通过社区干部鼓励和推广；通过社区微信公众号发布招募，让父母告知家中孩子活动信息。

（四）服务内容

本小组共分为六次活动，围绕儿童的现实需要，社会工作者为每次活动制定了不同的目标和内容，具体情况如表 1-1 所示。

表 1-1 社会工作者为每次活动制定了不同的目标和内容

第一节 爱在 HD·我们是一家人				
本节目标	90％成员初步建立关系，增强凝聚力，组内形成规则			
活动名称	活动目标	活动内容	时间	所需物资
四点半课堂	辅导组员的家庭作业，解决在家无人辅导作业的难题	组员将自己在学习和作业中遇到的困难带到活动场地，由社工和志愿者集中辅导	60分钟	铅笔、草稿纸
有缘来相会	1. 让组员认识社工和志愿者； 2. 让组员认识本小组活动的目标及目的； 3. 让组员之间有初步的认识	1. 由主带社工进行自我介绍； 2. 主带社工介绍本次小组活动的意义、目的、活动内容和时间安排； 3. 让每一位组员进行自我介绍	30分钟	音响、话筒、椅子若干、相机
有规矩、有方圆	1. 制定小组规则； 2. 与组员签订契约	1. 由社工和志愿者给组员发放纸和笔，引导小组成员一起制定规则； 2. 与组员签约	20分钟	大白纸、彩色笔、签字笔
桃花朵朵开	使活动达到一个兴奋点，增强团体凝聚力，拉近组员间距离	大家围成一个圈，向左或者向右跑起来。社工说"桃花"，组员就问"开几朵"，社工会突然报出一个数字，比如"5"，那么组员必须快速地5个人在一起，不能多也不能少。落单或者人数不够的小组就算失败，请他们出来表演节目	30分钟	PPT、音响、话筒

续表

活动总结	1. 工作者总结本次小组活动。 2. 进行组员需求测量	1. 让组员谈谈在本次活动中获得什么、有什么想法，工作者做活动总结； 2. 社工和志愿者邀请组员填写问卷或量表，以检查自己存在的不足和明确在小组活动中有哪些需要。（强调单独填写） 3. 布置关于孝顺的任务	20分钟	笔、小贴纸
预计困难	1. 面对惩罚组员不愿意接受，形成冷场； 2. 组员比较内向，说话小声，不能很好地参与			
解决方法	1. 将惩罚放在PPT内，由被淘汰组员自行抽取； 2. 带领其他组员一起鼓励内向组员开口说话			

第二节 爱在HD·我们的文化

本节目标	90%的组员能够学会《弟子规·入则孝》部分，增强对国学的兴趣			
活动名称	活动目标	活动内容	时间	所需物资
四点半课堂	辅导组员的家庭作业，解决在家无人辅导作业的难题	组员将自己在学习和作业中遇到的困难带到活动场地，由社工、志愿者集中辅导	60分钟	铅笔、草稿纸
回顾活动	1. 回顾上一节活动内容； 2. 介绍本次活动内容及目标	1. 社工和志愿者带领组员回顾上一节的活动内容； 2. 介绍本次活动内容及目标	10分钟	音响、话筒、椅子若干
逛场地	使活动达到一个兴奋点，增强团体凝聚力，拉近组员间距离	参与者选择任意场地，游戏开始后，说地点内的东西，说不出来者、重复者、反应慢者被淘汰，被淘汰的小朋友会有惩罚哦	25分钟	吸管若干、钥匙环
读书会	1. 锻炼组员勇于发言的能力； 2. 培养组员的读书习惯和兴趣	1. 与小组成员一起学习《弟子规·入则孝》； 2. 邀请小组组员进行相关内容分享； 3. 布置课后作业	50分钟	《弟子规·入则孝篇》
活动总结	工作者总结并结束小组活动	工作者总结本次活动，并提醒下一次活动的时间	20分钟	小贴纸
预计困难	读书会气氛尴尬			
解决方法	临场穿插小游戏在其中，以游戏的方式进行读书会			

第三节 爱在HD·巧手做做乐

本节目标	90%小组成员学会简单的折纸，提高小组成员的动手能力，同时增强孝顺观念

活动名称	活动目标	活动内容	时间	所需物资
四点半课堂	辅导组员的家庭作业，解决在家无人辅导作业的难题	组员将自己在学习和作业中遇到的困难带到活动场地，由社工和志愿者集中辅导	60分钟	铅笔、草稿纸
回顾活动	1. 回顾上一节活动内容； 2. 介绍本次活动内容及目标	1. 社工和志愿者带领组员回顾上一节的活动内容； 2. 介绍本次活动内容及目标	10分钟	音响、话筒、椅子若干
巧手做做乐	1. 增加小组动手能力； 2. 提高组员孝心	1. 折纸教授。 2. 贺卡（送给父母或家中长辈）	50分钟	水彩笔、彩色纸、画笔、剪刀、胶水
活动总结	社工和志愿者总结本次小组活动	1. 工作者总结本次活动； 2. 通知下一次活动的时间	10分钟	小贴纸
预计困难	手工活动出现冷场、无头绪的情况			
解决办法	由主带社工进行统一的手工作品教授			

第四节 爱在 HD·安全哇安全

本节目标	帮助和引导90％的组员正确处理个人、集体、社会和自然之间遇到的安全问题，培养学生尊重生命、爱惜生命的态度，帮助孩子树立正确的安全防范意识			
活动名称	活动目标	活动内容	时间	所需物资
四点半课堂	辅导组员的家庭作业，解决在家无人辅导作业的难题	组员将自己在学习和作业中遇到的困难带到活动场地，由社工和志愿者集中辅导	40分钟	铅笔、草稿纸
回顾活动	1. 回顾上一节活动内容； 2. 介绍本次活动内容及目标	1. 社工和志愿者带领组员回顾上一节的活动内容； 2. 介绍本次活动内容及目标	10分钟	音响、话筒、椅子若干
安全哇安全	1. 让组员了解生命的宝贵； 2 让组员了解安全知识	1. 开设安全讲座； 2. 能看懂家庭疏散逃生图	60分钟	多媒体设备、纸、笔
活动总结	社工和志愿者总结本次小组活动	1. 工作者总结本次活动； 2. 通知下一次活动的时间； 3. 提醒下一次活动是最后一次小组活动	10分钟	小贴纸
预计困难	开展讲座时，组员无法集中注意力			

续表

解决办法	在讲座之前通过游戏，集中组员注意力

第五节 爱在 HD·中华孝道

本节目标	帮助和引导 90% 的组员学会《中华孝道》舞蹈，并在小组活动结束最后作为成果展示			
活动名称	活动目标	活动内容	时间	所需物资
四点半课堂	辅导组员的家庭作业，解决在家无人辅导作业的难题	组员将自己在学习和作业中遇到的困难带到活动场地，由社工和志愿者集中辅导	60 分钟	铅笔、草稿纸
回顾活动	1. 回顾上一节活动内容，并向组员表明这是最后一节活动； 2. 介绍本次活动的内容及目标	1. 社工和志愿者带领组员回顾上一节的活动内容； 2. 介绍本次活动内容及目标	10 分钟	音响、话筒、椅子若干
中华孝道	学习《中华孝道》舞蹈	社工和志愿者共同教授《中华孝道》舞蹈	90 分钟	笔若干
预计困难	部分组员肢体不协调，不自信			
解决方法	社工和志愿者共同教授，采取鼓励的方法和优势视角进行教学			

第六节 爱在 HD·回顾与展望

本节目标	结束小组活动，处理离别情绪			
活动名称	活动目标	活动内容	时间	所需物资
四点半课堂	辅导组员的家庭作业，解决在家无人辅导作业的难题	组员将自己在学习和作业中遇到的困难带到活动场地，由社工和志愿者集中辅导	60 分钟	铅笔、草稿纸
回顾活动	1. 回顾上一节活动内容，并向组员表明这是最后一节活动； 2. 介绍本次活动的内容及目标	1. 社工和志愿者带领组员回顾上一节的活动内容； 2. 介绍本次活动内容及目标	10 分钟	音响、话筒、椅子若干
小小测验	检测此次小组的成效	组织组员进行问卷填写。填写第一节活动中的同一份问卷，对比检验小组活动中的成效	10 分钟	笔若干
我们的温暖时刻	1. 播放活动照片视频； 2. 小组成员展示舞蹈	1. 将之前的活动照片制作成视频放映。 2. 志愿者、社工和小组成员共同跳舞	50 分钟	多媒体

续表

分享情绪	总结活动	1. 总结四次以来的活动，邀请组员分享在整个活动中的感受和看法（可作为写信的方式）； 2. 颁发结业证书； 3. 合影留念	30 分钟	结业证书
预计困难	大部分组员处于离别情绪中，无法缓解			
解决方法	社工和志愿者进行疏导，缓解个别离别情绪			

四、服务过程

（一）第一节：爱在 HD·我们是一家人

1. 服务实施

（1）四点半课堂（60 分钟）。组员将作业带至活动现场，遇到困难的时候，向社工和志愿者寻求帮助。但是部分组员作业过多，导致在规定时间内并不能完成作业，使时间和流程不得不延后。

（2）有缘来相会（30 分钟）。社工和志愿者分别进行自我介绍，给小组成员打样，但是仍有组员不会自我介绍，部分小组成员较为内向，不敢大声说话。社工和志愿者一步步地引导小组成员，在小组声音过小的时候，帮助其重复重点语句。

（3）有规矩有方圆（20 分钟）。社工和志愿者小组成员分发纸和笔，社工引导小组成员在白纸上写出自己认为需要遵守的规则。小组成员全部写出自己觉得应该遵守的规则时，社工把提前画好图案的纸拿出来，让小朋友把自己的规则说出来，由社工填写在上面。部分小朋友不会写字，志愿者可以进行教授，或者拼音代替。在完成整个大组的小组规则之后，小组成员在上面签名作为签约。

（4）桃花朵朵开（30 分钟）。大家围成一个圈，向左或者向右跑起来。社工说"桃花桃花朵朵开"，组员就问"开几朵"，社工会突然报出一个数字，组员必须快速地按照数字抱在一起，不能多也不能少。落单或者人数不够的小组就算失败，请他们出来表演节目。部分组员表演节目时声音过小，其他组员听不见，社工鼓励组员大声说话，借此机会重申小组成员自己制定的规则即别人说话时，要保持安静，以示尊重，以此维持活动纪律。

（5）活动总结（20 分钟）。由社工发放小组前测问卷，组员独立填写，遇到组员不认识的字，由社工和志愿者协助完成。社工做活动总结，布置家庭作业并告知下次活动开始时间，合影留念，本次活动结束。

2. 观察记录

本次活动社会工作者发现一部分组员作业较多，导致后续开展活动室有一些心不在焉，害怕写不完作业。但是大部分组员还是能在规定时间里完成家庭作业的。有些小组成员年龄过小，导致介绍规则难度较大。

3. 服务调整

告诉组员把作业分成两个部分，一部分作业在家里做完，带一部分作业来活动现场做。同时，因为小组成员年龄较小，因此在介绍游戏规则时由志愿者提前进行游戏演示，并将规则放宽。

（二）第二节：爱在HD·我们的文化

1. 服务过程

（1）四点半课堂（60分钟）：组员将作业带至活动现场，遇到难题时举手，由志愿者和社工进行教授。针对没有带作业的组员，我们准备了练字本和算术题，为没有带作业的小组成员打印相关题目。

（2）回顾活动（10分钟）：社工带领组员共同回顾上一节活动内容，以及小组规则的内容，然后介绍本节小组活动的流程。

（3）逛三园（25分钟）：社工选择任意场地，游戏开始后，小组成员说地点内的东西，说不出来者、重复者、反应慢者被淘汰，被淘汰的小组成员会有惩罚。部分小组成员不好意思受惩罚，社工和志愿者带领其他小组成员给予其鼓励。

（4）读书会（50分钟）：社工带领小组成员一起学习《弟子规·入则孝》部分，小组成员年龄过小，因此在学习的时候，社工要一句一句地向小组成员翻译。为了加深记忆，小组成员对这一部分内容的理解通过提问题的方式，让小组成员在文章中勾出相应的语句并读出来。当学习完这一部分内容之后，社工邀请小组成员分享自己知道的关于孝敬的故事和事情。部分小组成员说话容易抓不住重点且篇幅过长，社工通过摘要和对焦的技巧帮助小组成员阐述其最核心的观点和事件。

（5）活动总结（20分钟）：社工做活动总结，告知下一场活动时间，合影留念，本次活动结束。

2. 观察记录

社工带领小组成员进行回顾的时候，有一位小组成员不配合，表示对上一节活动的所有东西都不记得了。大家一起学习《弟子规·入则孝》部分的时候有一位小朋友表现得非常缓慢。但这节活动总体来说，纪律较好，小组成员比较配合。

3. 服务调整

引导小组成员一步步回顾上一级活动，同时用较为温和的语言提醒该小组成员做活动时要认真仔细。社工和志愿者要时刻注意小组成员的状况，同时在不影响整节活动的情况下，等待小组成员完成相关要求。

（三）第三节：爱在HD·巧手做做乐

1. 服务过程

（1）四点半课堂（60分钟）：组员将作业带至活动现场，遇到难题时举手，由志愿者和社工进行教授。针对没有带作业的组员，我们准备了练字本和算术题，为没有带作业的小组成员打印相关题目。

（2）回顾活动（10分钟）：社工带领组员共同回顾上一节活动内容，以及小组规则的内容，然后介绍本节小组活动的流程。

（3）巧手做做乐（50分钟）：社工首先将提前做好的完整的贺卡向小组成员展示，社工一步一步地教小组成员，完成贺卡制作，同时，小组成员有不会写的字，志愿者进行讲解，或是用拼音代替。本次贺卡主要用于送父母或长辈。

（4）活动总结（10分钟）：社工做活动总结，告知下一场活动时间，合影留念，本次活动结束。

2. 观察记录

在做上期活动回顾的时候，部分小组成员对字词不认识；部分小组成员忘记携带《弟子规·入则孝》部分的文章；部分手工过于复杂，少数小组成员跟不上进度或者制作困难。

3. 服务调整

社会工作者提前印好多余的文章并分发给小组成员，并提醒小组成员每期活动保管好并携带相关资料。志愿者和其余社工帮助有困难的小组成员进行剪纸。

（四）第四节：爱在 HD·安全哇安全

1. 服务过程

（1）四点半课堂（60分钟）：组员将作业带至活动现场，遇到难题时举手，由志愿者和社工进行教授。针对没有带作业的组员，我们准备了练字本和算术题，为没有带作业的小组成员打印相关题目。

（2）回顾活动（10分钟）：社工带领组员共同回顾上一节活动内容，以及小组规则的内容，然后介绍本节小组活动的流程。

（3）安全哇安全（60分钟）：前职业消防员以短片的形式向小组成员诉说消防安全、交通安全以及校园安全，向小组成员讲授家庭逃生疏散图的画法。聆听完之后，小组成员各自画出自家的逃生疏散图。

（4）活动总结（10分钟）：社工做活动总结，告知下一场活动时间，合影留念，本次活动结束。

2. 观察记录

本次小组活动进展较为顺利，但是在家庭疏散逃生图制作中，一位小组成员对家庭房屋结构图理解出现偏差。

3. 服务调整

由小组成员帮助其理解家庭服务结构图，志愿者从中协助。

（五）第五节：爱在 HD·中华孝道

1. 服务过程

（1）四点半课堂（60 分钟）：组员将作业带至活动现场，遇到难题时举手，由志愿者和社工进行教授。针对没有带作业的组员，我们准备了练字本和算术题，为没有带作业的小组成员打印相关题目。

（2）回顾活动（10 分钟）：社工带领组员共同回顾上一节活动内容，以及小组规则的内容，然后介绍本节小组活动的流程。

（3）中华孝道（60 分钟）：社工和志愿者一步一步地教小组成员学习《中华孝道》的舞蹈。

（4）活动总结（20 分钟）：社工做活动总结，带领大家集体跳《中华孝道》舞蹈并告知下一场活动时间，合影留念，本次活动结束。

2. 观察记录

有位男生小组成员对跳舞有强烈的抗拒心理。部分小组成员因为害羞动作幅度小，表现不自信。

3. 服务调整

对于不自信的小组成员，社工和志愿者利用支持性技巧鼓励小组成员。志愿者和其他社工对男生进行开导，表示跳舞并不是女生的专利，这次的舞蹈是为了给父母和长辈展示自己对他们的爱。

（六）第六节：爱在 HD·回顾与展望

1. 服务过程

（1）四点半课堂（60 分钟）：组员将作业带至活动现场，遇到难题时举手，由志愿者和社工进行教授。针对没有带作业的组员，我们准备了练字本和算术题，为没有带作业的小组成员打印相关题目。

（2）回顾活动（10 分钟）：社工带领组员共同回顾上一节活动内容，以及小组规则的内容，然后介绍本节小组活动的流程。

（3）小小测验（10 分钟）：组织组员进行问卷填写。填写第一节活动中的同一份问卷，对比检验小组活动中的成效。

（4）我们的温暖时刻。（40 分钟）：社工首先带领小组成员完整地跳中华孝道的舞蹈，之后带领小组成员一起观看前五期的活动视频剪辑。

（5）分享情绪（30 分钟）：总结 5 次以来的活动，邀请组员分享在整个活动中的感受和看法（可作为写信的方式），颁发结业证书和小礼物，合影留念。

2. 观察记录

小组成员带有不舍的离别情绪，在进行测试和回顾环节的时候，小组成员们都很认真。

3. 服务调整

跳舞环节有部分成员忘记动作，志愿者和社工在前方领舞。

五、服务评估

（一）评估方法

1. 过程评估

从活动出席率及参与、投入程度做评估；在小组活动最后一节，了解各组的反响和意见；透过与组员的交谈来知道他们对小组的感受及意见。

2. 成效评估

在小组活动开始前及小组活动最后一节时，组员将被安排一份问卷，比较他们在参加小组活动前后对孝顺知识、安全小知识的了解程度是否有变化，以此评估小组成效。

（二）评估内容

1. 过程评估

每节小组活动的组员出席率较高。随着小组活动的开展，组员的参与积极性和程度也逐渐提高，在开始的时候只有一两位组员愿意回答问题，到后期时组员们争相参与互动。同时，社工也观察到组员们更了解和认同社会工作，会邀请"四点半课堂"里的其他同伴来参与活动，也都在活动中有所学和有所长，更活泼、更自信了。

2. 成效评估

本小组采用同一套问卷进行前后测，并对小组成效进行评估，其结果（表 1-2）显示组员在孝顺、安全等方面的认知和行为都所有提升，服务目标顺利达成。

表 1-2 成效评估

问卷题目	前侧	后侧
1. 你知道《弟子规·入则孝》吗	10%的小组成员非常了解，20%的小组成员听说过，70%的成员不知道	15%的小组成员非常了解，85%的成员了解一点
2. 你为父母或者长辈做过什么事情吗	40%的小组成员没有做过，60%的小组成员做过	10%的小组成员没有做过，90%的小组成员做过
3. 你愿意为父母或长辈跳关于孝道的舞蹈吗	70%的小组成员愿意，30%的小组成员不愿意	90%的小组成员愿意，10%的小组成员不愿意
4. 是否知道关于急救、消防等方面的知识	60%的小组成员知道，40%的小组成员不知道	100%的小组成员知道

六、总结与反思

（一）需求为本，助人自助

小组工作是一种以团体或小组为对象，并通过小组或团体的活动为其成员提供社会工作服务的方法，以促进团体或小组及其成员的发展。在本小组实施的过程中，社工聚焦于服务对象的实际需求，即四点半放学后的"真空时间"里的管教问题，因而在每节小组活动前都组织了长达一小时的课业辅导环节，以满足服务对象的实际需求。在解决了"作业难"的问题后，服务对象及其家长都更愿意和支持开展社工活动。就此，社工充分发挥"助人自助"的社会工作功能，围绕"品格"开展孝道文化主题活动，促进孩子们传承和发扬优秀的传统美德，取得了较好的服务成效。

（二）善用小组技巧，推动服务成效

由于本小组成员年龄较小，在服务过程中出现了不理解规则、不愿意互动等问题。这时社会工作者要善用小组技巧，包括澄清、引导、示范等，促进组员在理解规则的基础上积极参与服务，从而达到改变与成长的效果。

（三）前测与后测，评估成效

在本小组工作过程中，社工采用同一套问卷进行前测与后测，并对小组成效进行评估，通过对前后结果的对比，以数据和数量的变化来说明小组成效，具有较高的可信度。此外，社工也通过过程评估的方式，采取多种形式的测量方法，及时评估服务成效，总结与反思服务经验，切实推动服务对象的成长。

案例三　留守儿童小组服务

一、案例背景

留守儿童是我国城市化进程中的结构性产物，也是目前农村社会工作和乡镇社会工作站建设所关注的重点服务群体。K镇位于我国西南地区一个偏远小镇，小镇青壮年基本上外出务工，人口主要为留守儿童和留守老人为主。K镇社会工作站驻站社会工作者对当地留守儿童群体进行走访调查，发现大部分留守儿童和父母相聚的时间较少，主要由祖父母或者外祖父母照顾，照顾者文化水平较低。家庭生活来源主要靠务农和父母在外打工，家庭人均收入较低。通过走访发现，大部分留守儿童暑期生活主要是在家完成暑期作业、帮助家庭做家务或者干农活，与老师、同学、朋友的交流时间较少。部分留守儿童存在一些不良学习习惯，如写字不规范，不正确的坐姿、站姿、执笔姿势等。与此同时，社会工作者在走访过程中发现K镇大部分留守儿童都希望能够开设一些兴趣爱好培训课程，丰富他们的精神生活，满足其学习需要。为此，K镇社会工作站准备利用暑期生活，通过开设书

法兴趣小组的形式培养其兴趣爱好、丰富其同伴支持系统、提高其学习主动性、矫正其不良学习习惯等。

二、需求分析

（一）服务需求

暑期生活来临意味着留守儿童有较多时间可以自主安排，但也致使留守儿童面临学校教育断层，家庭教育支持不足，同伴支持系统较弱，不良学习习惯滋生与暴露等问题，具体主要表现为以下几个方面。

一是学习问题。大部分留守儿童暑假期间面临与学校教育断联，家庭教育支持不足的问题，寒暑假生活较为单一，主要以完成作业和帮助家里做家务为主，且大部分农村留守儿童由祖父母或外祖父母照顾，而他们年老体弱、文化水平不高、家教意识淡薄、教育观念陈旧，导致留守儿童的学习质量得不到较好的保障，知识技能增长较少，兴趣爱好培养难以实现。

二是行为习惯问题。由于留守儿童面临父母陪伴与监督缺失，隔代教育支持不足等，导致孩子学习主动性较弱，生活习惯和学习习惯相对较差，如存在作业拖拉，写字不规范，不正确的坐姿、站姿和执笔姿势等。

三是教育资源问题。农村地区的教育资源相对稀缺和贫瘠，留守儿童在暑期缺乏老师和家长引导教育，同时也缺乏相应资源拓宽视野，培养兴趣爱好，而社会工作站恰巧可以为留守儿童提供教育辅导和培养兴趣爱好的教育资源。

四是同伴支持系统较弱。暑假期间，留守儿童与同伴之间的交流互动机会将会减少，而家长有效陪伴的时间不多，因此大部分留守儿童希望能够继续和同辈交往互动，丰富自己的暑期生活。

（二）理论分析

1. 马斯洛需求层次理论

马斯洛需求层次理论认为人的需求分为五种，像阶梯一样从低到高，按层次逐级递升，划分为生理上的需求、安全上的需求、情感和归属的需求、尊重的需求、自我实现的需求共五个阶层。留守儿童不仅有人身安全、健康保障、安定的居住环境、心理有归属感等方面的基础需求，还有友情需求、被尊重的需要。通过书法小组的形式将留守儿童聚在一起，让他们相互认识，扩大他们的人际交往圈，可以满足他们的社交需求和探索自身兴趣爱好的需求。

2. 社会学习理论

社会学习理论认为人的行为、价值观及态度可以通过强化而后天学习习得，强调教育和环境的重要性。书法小组中的每个组员都是其他组员学习借鉴的对象，组员通过在活动中相互交流，分享各自的想法和感受，使个体获得提升和改善。同时，组员可以通过观察、模仿以及正强化等方式习得正确的书法技巧和知识，矫正不良的学习习惯。

三、服务计划

（一）服务目标

1. 总目标

通过小小书法家兴趣小组的开展建立起留守儿童之间的支持网络，增进与同伴的交流机会，培养起书法兴趣爱好，提高他们的学习主动性，掌握正确的书法技巧与知识，矫正不良的学习习惯，丰富其暑期生活。

2. 分目标

（1）80％以上组员掌握正确的坐姿、站姿和握笔姿势，小组结束后能够保持良好的习惯。

（2）80％以上的组员掌握正确的写字规范和书法技巧，能正确书写出汉字。

（3）小组结束后，80％的组员们能够喜欢上书法，且愿意参加其他兴趣小组，培养兴趣爱好。

（4）建立留守儿童间的支持网络，增进留守儿童之间的交流次数，每个留守儿童至少交到 3 个朋友。

（二）服务信息

（1）小组名称：小小书法家兴趣小组。

（2）活动对象：7～12 岁的留守儿童。

（3）小组人数：11 人。

（4）小组时间：2021 年 8 月 7 日—8 月 22 日。

（5）小组地点：K 镇党群服务中心。

（三）小组计划

小小书法家兴趣小组一共分为五节，每节活动时间均为一个半小时，地点设在 K 镇社会工作站小组会议室，每节活动由社会工作者带领共同完成，具体流程安排如表 1-3 所示。

表 1-3 小组计划

节次	时间	活动主题	主要步骤	活动目标
1	2021 年 8 月 7 日	写出我的名字	1. 破冰游戏"水果切" 2. 主题介绍 3. 自我介绍 4. 建立小组规则，制定小组契约书 5. 小组目标分享	明确本小组的小组目标，确定小组内容；通过游戏互动的方式，更轻松地让服务对象能够有进一步认识；制定小组契约，明确小组规范

续表

节次	时间	活动主题	主要步骤	活动目标
2	2021 年 8 月 15 日	坐得直，握笔好	1. 手指游戏 2. 书写汉字 3. 学习正确的站姿、坐姿口诀 4. 团队展示 5. 学会握笔姿势	掌握正确的坐姿、站姿和握笔姿势，通过团队展示促进组员之间的沟通交流
3	2021 年 8 月 18 日	认识横画	1. 游戏"水果切" 2. 回顾上次课内容 3. 认识横画及写字规范 4. 认识和书写字根 5. 批改和巩固字根 6. 布置作业	认识横画并写好相关汉字，掌握正确的写字规范和书法技巧
4	2021 年 8 月 22 日	认识竖画	1. 游戏天气预报 2. 批改笔画和字根 3. 回顾横画内容 4. 学习竖画及写字规范 5. 认识和书写字根 6. 布置作业	认识竖画并写好相关汉字，正确的写字规范和书法技巧
5	2021 年 8 月 25 日	我们一起来总结	1. 热身游戏 2. 回顾总结前四次课内容 3. 团队展示握笔、坐姿、站姿口诀和书法作品 4. 游戏折纸 5. 发放奖状和奖品	总结前四次课儿童学到的内容，巩固学习习惯，处理离别情绪，提高儿童对练字的兴趣，激发儿童的学习动机

四、服务过程

（一）小组前期

由于组员基本上都是来自同一个镇，且离社会工作者站距离不远，年龄差距不大，所以部分服务对象相互认识，但也有部分还不认识。为了促进服务对象间的了解，拉近彼此的距离，社会工作者通过游戏的方式缓解服务对象间的陌生感。随后，社会工作者通过与服务对象讨论制定小组契约，增强服务对象对本小组的归属感，每一位服务对象在小组契约上签字确认，表示在小组过程中会遵守相应的规则，服务对象间可以相互监督，共同成长，形成良好的小组动力。最后服务对象也各自分享了自己希望在本次小组中的目标，期待通过这个小组能够获得什么样的成长。

（二）小组中期

小组中期阶段主要有三节活动，主要内容包括掌握正确的站姿、坐姿、横画、竖画及其笔根。在小组第二节活动中，社会工作者提前在黑板上写出汉字，让儿童照着一个字写一排，写字过程中社会工作者不做任何提示，并记录每个儿童的不良习惯，以便后期进行针对性的纠正与指导。随后，社会工作者向组员们示范正确的站姿、坐姿和握笔姿势，同时借助口诀帮助组员们牢记正确姿势。在社会工作者的指导下，组员们通过模范和反复练习逐渐意识到自身存在的不良学习习惯，在团队展示的过程中逐渐掌握了正确的坐姿、站姿和握笔姿势，社会工作者对表现优秀的团队给予鼓励和加分，以正向激励的方式帮助组员巩固良好的学习习惯。最后，社会工作者通过布置家庭作业和惩罚扣分的方式引导同学们重视小组任务，强化小组动力。

在第三节小组活动中，社会工作者通过带领组员回顾上一节课内容的方式来巩固学习成效。活动开始，社会工作者在黑板上写出本节活动要学习的汉字，分别逐字给组员讲解笔画和框架结构，并让组员加以练习。在练习的过程中，社会工作者逐一观察组员的书写情况，手把手地调整组员的坐姿和握笔姿势，让每个组员都能感受到小组的温暖和社会工作者的关注。随后，组员们把书写好的汉字和词语给社会工作者查阅，部分组员表示："现在我对于每个汉字笔顺和字体结构都有了基本的认识，以前写'三'字的横画都一样长，今天才知道最后一笔的横画是最长的。"在分享的过程中，社会工作者采取鼓励和自我披露的方式引导组员积极分享，组员们都分享了自己在本节活动中的感受。与此同时，组员间的分享也拉近了彼此之间的距离，进一步强化了小组动力。最后，社会工作者通过布置家庭作业的方式来巩固组员们的学习成效，同时引导同学们思考竖画及字根的写法，为下一节活动的开展铺垫基础。

第四节小组活动为小组的中后期阶段，本节活动主要巩固前两节活动成效，带领组员回顾正确书写习惯，提高专注力，增加组员之间的交流与分享，同时进一步学习竖画及字根。活动开始，社会工作者通过天气预报游戏活跃现场氛围，帮助组员集中注意力。随后，社会工作者认真批阅每位组员在家完成的汉字与词语，对于汉字占格掌握欠缺的组员，及时帮助其理解、调整。在批阅的过程中，社会工作者带领组员们一起回顾上节活动的内容，并分组用手指书空练习笔画与横画字根，每位组员都高举起右手，认真跟着社会工作者的节奏完成练习。接下来，社会工作者在黑板上写出垂露竖和悬针竖，让组员说出区别，再写出垂露竖字根"上、下、止"对每个字结构和用到的笔画进行讲解，并让儿童进行书写。在示范教学和模仿练习的过程中，组员逐渐掌握了竖画的书写规范和字根的运用，对于表现优异的组员，社会工作者给予奖励加分，进一步强化了组员的学习动力，提高了组员的学习主动性。活动最后，社会工作者提前告知组员下次活动为最后一节活动，同时给组员们布置了家庭作业，为最后一节活动的开展奠定基础。

（三）小组后期

最后一节活动主要是总结前四次活动中组员学到的知识与技巧，进一步规范平时的学习习惯，巩固学习成果，处理离别情绪。活动开始，社会工作者通过带领组员做游戏来活跃现场氛围，缓解组员们的离别情绪。接着，社会工作者通过批改作业的方式带领组员共同梳理前面三节小组活动所学知识，在背诵口诀的过程中帮助组员巩固什么是好的坐姿和执笔姿势，在成果展示的过程中加深组员的成就感和参与感，激发组员对硬笔书法的兴趣和爱好。随后，社会工作者预告小组即将结束，并引导组员总结和分享参与本次小组的感受，大家都表达了对整个小组的不舍之情，还约定下次开展活动的时候积极来参与。接下来，社会工作者通过手工折纸的方式转移和缓解组员的离别情绪，一只只"青蛙""狐狸"的呈现，组员们情绪有所好转。活动最后，社会工作者为组员们送上精心准备的礼物，鼓励组员们应保持良好的学习习惯，坚持练习书法，培养自己的兴趣爱好。

五、服务评估

（一）评估方法

1. 量化资料评估

社会工作者通过满意度评估表向 11 名服务对象进行派发，了解服务对象对小组形式、内容、地点以及社会工作者的满意度。

2. 社会工作者的参与式观察

在小组过程中，社会工作者根据服务对象在每节小组中的行为表现、出席率、参与度和投入程度等作为评估目标达成的参考之一。

3. 服务对象的自我评价情况

社会工作者通过满意度调查表和小组结束后的访谈情况，了解组员对自我改变的评价。

（二）评估结果

从量化指标来看，90%以上的组员对小组的时间安排、场地、内容以及社会工作者的表现的评分在 4 分及以上，表明服务对象对小组活动非常满意。80%以上的组员表示感受到了自己的变化，掌握了横画、竖画以及相关汉字的规范书写。90%以上的组员保持100%的出席率，参与度和投入度较强。

从社会工作者观察来看，组员参与活动的积极性较强，活动中能够和其他同伴积极交流，互相监督和检查，组员的坐姿和握笔姿势得到明显改善。在团队展示的过程中，组员之间能够互相鼓励，建立了较好的合作与支持关系，情感支持明显增强。与此同时，通过观察组员的书法作品，可以发现服务对象所书写的汉字越来越规范，基本掌握了横画和竖画的运用，能够运用字根书写汉字。

从服务对象的自我评价来看，满意度调查结果和访谈结果均显示组员对自我改变非常满意，并述想参加社会工作者组织的其他类型的小组活动。在分享的过程中，部分组员表示"现在我对于每个汉字笔顺和字体结构都有了基本的认识，以前写'三'字的横画都一样长，今天才知道最后一笔的横画是最长的"，说明服务对象基本掌握了汉字书写相关技巧和规范。

六、总结与反思

（一）小组内容与形式

小小书法家小组一共五节，主要围绕正确的站姿、坐姿、握笔姿势和横画、竖画及字根的运用来开展小组活动，更适合低年龄阶段组员的需求，但组员的招募范围为 7～12 岁的儿童，建议今后缩小组员的年龄范围，由此提高小组内容与组员需求的适配性。

（二）理论的运用与反思

本小组采用了马斯洛需求层次理论和社会学习理论作为理论依据，前者起到解释作用，后者起到指导作用。在小组内容设计和带领小组的过程中，社会工作者充分运用了社会学习理论中的观察、示范、模仿、强化、奖励、惩罚等技巧与机制，在矫正服务对象的错误学习行为、习得正确笔画和姿势过程中起到了重要作用。后期，可强化社会学习理论的运用，如通过设计前后测量表检测组员的改变情况，进一步聚焦组员的问题与需求，在量表中明确干预的变量和因变量，从而保障小组工作的科学性和有效性。

（三）专业方法与技巧的使用

在小组开始阶段，社会工作者使用游戏进行破冰和营造小组氛围，拉近了社会工作者与组员之间的距离。在分享的过程中，社会工作者能够采用鼓励、引导、自我披露、示范等技巧打破沉默的局面，帮助组员展示自己的作品，分享自己的看法。同时，团队展示和鼓励分享的过程也促进了组员之间的沟通交流，有效形成了小组动力和组员间的支持系统。在每节小组结束时，社会工作者通过布置家庭作业的方式进一步巩固和强化小组成果，同时借助奖惩机制激励组员主动完成作业，较好地提高了组员的学习主动性。

案例四 社区矫正青少年个案服务

一、案例背景

在新修订的《中华人民共和国社区矫正法》以及新出台的《四川省社区矫正实施细则（试行）》中，均明确指出对未成年的社区矫正工作应遵循"教育、感化、挽救"方针，与成年人分开进行社区矫正，采取针对性矫正措施。但在实施过程中，各区/市司法局、司法所却面临人员不足、专业化程度不够以及经费紧张等问题，无法落实"个别化"矫正的工作要求，也并未形成较为完善的未成年社区矫正工作的专门机制。与此同时，未成年社区矫正对象所面临的失学失业、家庭监管薄弱以及社会支持不足等问题，也导致其在回归家庭、就学就业的过程中困难重重，极易再次犯罪。

本案例中的服务对象 H 属于社区矫正对象，其基本资料、家庭情况及社会支持系统等具体如下。

（一）基本资料

服务对象 H，男，16 岁，中专辍学，性格外向开朗。服务对象 H 伙同他人，对被害人进行殴打并威胁，其伙伴将被害人手机抢走。因服务对象有自首情节，且未满 18 岁，被判处缓刑一年，进行社区矫正。

（二）家庭情况

服务对象 H 家有 4 口人，H、祖母、祖父以及服务对象父亲。服务对象 H 父母因感情不和于服务对象 3 岁时离异，双方均已重组家庭。

服务对象父亲目前在经营一家农家乐，收入较为稳定。服务对象父亲于服务对象 6 岁时再婚，婚后与服务对象继母、两名继子以及继母父母同住，服务对象父亲再婚后较少回服务对象 H 家。服务对象母亲在某家具店做销售，重组家庭后与新家庭一起生活，现育有一 4 岁的女儿。

服务对象自小与祖父、祖母共同生活。服务对象祖父退休后在家休息，平时负责买菜做饭，偶尔喝茶，每月退休金 1 800 元。服务对象祖母退休后于包装厂工作，每月除退休金外，收入 2 000 元。服务对象祖父、祖母收入较为稳定，不需要额外支付赡养费用。

（三）社会支持系统

1. 家庭关系

服务对象与父亲关系一般，服务对象父亲再婚后，对服务对象的关心陪伴较少，且较少与服务对象交流，疏于管教。服务对象与母亲关系紧张，无法正常沟通。服务对象自小与祖父、祖母共同生活，与祖母关系亲密，祖母对服务对象较为宠溺，管教较少，常给服务对象零花钱。服务对象与祖父关系一般，祖父性格较为急躁，经常对服务对象说教，服务对象偶尔存在拒绝与祖父交流的情绪。

2. 社交情况

服务对象朋友均为社会人员，年龄大小不一，有比服务对象年长很多的，也有与服务对象年纪相仿的，其中不乏曾违法被处罚的人员，常与服务对象出入酒吧、KTV 等娱乐场所。

服务对象交有一女友，21 岁，在服务对象上班的游泳池超市做销售员，已在一起半年，对案情知情，但并不在意。

3. 其他社会支持

成都 X 社会工作服务中心和服务对象 H 所在地司法所工作人员都很关心服务对象 H 的情况，并联合提供服务。

二、需求分析

（一）树立正确的择友观念

服务对象交际能力较强，认识很多朋友，但是择友观念存在偏差，朋友多为社会人士，且常与此类朋友出入酒吧、KTV等娱乐场所，一同进行喝酒、赌博等娱乐。在此案件中，服务对象就因同案件主谋一同喝酒，酒后主谋伙同服务对象与同案叶某找被害人麻烦而最终演变为抢劫。然而案件发生后，服务对象在社区矫正期间朋友圈仍未发生改变，依旧与该朋友圈中的不良朋友喝酒、赌博等。长此以往，服务对象有较高的再犯风险，故社会工作者应该在后续的帮教服务中，协助服务对象树立正确的择友观念，形成良好的社会网络，顺利回归社会。

（二）制定明确的未来规划

服务对象上一份工作是在餐馆工作，因工作较为辛苦，故在上班3个月后离职。目前于某游泳池担任救生员，已上岗一月有余。服务对象对未来无长远规划，表示将先在游泳池工作，后再寻找另外的工作，若找不到，则将回到父亲经营的农家乐帮忙。服务对象虽有短暂计划，但是服务对象曾多次因工作辛苦或其他原因离职，这一表现亦说明其在选择工作时缺乏结合自身情况和未来发展等因素的综合考虑。如此状况，或不利于其在稳定的工作状态和明确未来规划的指引下实现个人成长，会在一定程度上阻碍其顺利回归社会，需要社会工作者在帮教期间进行适当介入。

（三）促进家庭功能的发挥

父母监管能力不足，家庭功能失衡。服务对象父母离异，且都已重组家庭，均未与服务对象一同生活，对服务对象关注较少，对服务对象的监管几乎为零。服务对象与祖父母生活在一起，未能得到父母正常的关爱及教育，家庭功能几乎未发挥作用，致使服务对象在监管缺失的情况下，结交不良社会朋友，最终导致犯罪，且该情况在服务对象犯案后未曾改变，致使服务对象仍处于不良朋友圈，甚至形成不良嗜好。在这种情况下，服务对象再犯率非常之高，这也是服务对象顺利回归社会的不良因素之一。故在后续帮教服务中，社会工作者应该适当介入服务对象家庭，与服务对象父母保持联络，促进服务对象家庭功能发挥作用。

三、服务计划

（一）理论依据

1. 认知理论

人的不良行为主要产生于认知上的错误和理性思维能力的缺失。帮助其获得正确认知或完善理性思考的能力，从而使行为能得到正确的、理性的引导。在本个案中社会工作者将帮助服务对象发现自我，重新强化自身认知、寻找自身价值，以此推动服务对象采取正确的行为方式来应对生活及挑战。

2. 优势视角

每一个人都有优点，都有积极健康方向发展的潜能。策略性的弱化服务对象的问题，而是更多关注服务对象的优势及潜能。把精力放在发现、发挥和发展矫正对象的优势方面，肯定和激励。在本个案服务中运用优势视角，协助服务对象挖掘自身优势，树立信心，链接相关资源，提供就业资源和信息，为服务对象的就业发展提供引导，协助服务对象更好地融入社会。

（二）服务目标

1. 总目标

帮助服务对象重新认识自己，修正不良行为，顺利渡过观护期。

2. 具体目标

（1）通过家庭治疗模式，做好父母与子女的良好沟通，引导家人改变相处方式，改变互动模式，共同进行矫正帮教。

（2）通过认知治疗，帮助服务度对象发现自我，重新强化自身认知，寻找自身价值，树立信心，更务实地规划自己的未来发展。

（3）引导服务对象建立理性的处事能力，提高服务对象法制观念，避免因冲动或受骗走上违法道路。

（三）行动计划

（1）以真诚关怀的态度与服务对象达成服务协议共识，定期与服务对象进行面谈、电话访谈，以接纳的态度，耐心地倾听以及不批判的立场，与服务对象初步建立信任关系。

（2）运用优势视角，协助服务对象挖掘自身优势，树立信心，链接相关资源，提供就业资源和信息，为服务对象的就业发展提供引导，协助服务对象更好地融入社会。

（3）督促服务对象父母改善家庭互动模式，对其行为进行适当约束。

（4）与服务对象分析目前家庭沟通状况，引导服务对象思考自己是否某些方面让父母不敢放手，如何让父母看到自己的成长，让父母放心。

（5）提供相关沟通技巧辅导，协助服务对象与父母的沟通方式，改善家庭沟通关系。

（6）通过探访、电话跟进形式，关注服务对象个人及家庭情况，协助改善服务对象家人之间的关系，巩固家庭支持体系。

四、服务过程

（一）第一阶段：建立专业关系，达成接案

1. 服务目标

建立专业关系，取得服务对象的信任，签订《未成年人社区矫正四方责任书》及《未成年人社区矫正安全协议》。

2. 具体过程

《成都市未成年人社区矫正试点项目》确定落点成都市 P 区后，X 社会工作服务中心司法社工与司法所工作人员进行联系，最终确定服务对象 H 为试点对象后，司法所工作人员通知服务对象及其监护人进行了接案服务，这也是司法社工第一次接触服务对象。

服务对象性格外向，善于交谈。第一次与社会工作者见面，就向社会工作者透露了许多个人的情况。社会工作者了解服务对象的个人资料、简单的家庭资料以及社会经历之后，来到服务对象家里，从侧面了解服务对象现在在社区的表现以及他家庭的情况。

虽然服务对象比较健谈，也愿意与社会工作者进行沟通，但每次见到司法社工，服务对象话语间都有所保留，这是一种心理防御机制的正常反应，社会工作者要做的是获得服务对象的信任，走进服务对象的内心。当服务对象因与女友分手，心情郁闷喝酒发朋友圈时，社会工作者及时关注到服务对象情绪，给予其关心和疏导，服务对象压抑的情绪得到抒发，同时社会工作者也取得了服务对象的信任。

在接下来的矫正期间，社会工作者为服务对象设定了服务目标，希望帮助服务对象增强法律意识，认清自己行为的严重性，学会对自己的行为负责。

（二）第二阶段：识别偏差观念，正确交友

1. 服务目标

引导服务对象意识到自己的交友观念偏差，谨慎交友，修正核心信念的自动思维。

2. 具体过程

服务对象和社会工作者又探讨了抢劫事件发生的原因，引导服务对象告诉社会工作者案发前发生的事情，当时出于什么原因和朋友一起去作案，当时是怎么想的。服务对象告诉社会工作者出于朋友之间的"义气"和自己不健康的心理，如果当时自己临阵脱逃怕被朋友们看不起。之后反思了自己交友的问题带来的严重后果，并思考了对朋友的新的认识。

社会工作者和服务对象分析了几方面交友的注意事项：①交友应当"亲君子，远小人"。常言道：近朱者赤，近墨者黑。交一益友，如同读一本好书终身受用；交一恶友，则如读一本坏书，很容易诱你走入邪路，甚至是诱你犯罪。倘若不幸与小人为伍，你就上了贼船、交了厄运，生活中就多了一些隐患。因此，交友不可不慎。②讲情义但更要重道义。诚然，交友当讲情义，但朋友情义高不过人间道义，高不过法律。一些歪友、损友、邪友等小人之辈，为人处事常悖规则，不讲道义，你若不明事理、不辨是非，极易被其利用。即便是朋友，出手相助时也应遵循做人的基本准则。掌控自己，勿受制于人。③人不应为取悦他人而委屈自己，不应听命于他人而去做自己不愿做的事。很多人仿佛生来就不是为自己活着，他们或依傍于他人或听命于他人，却丢失了自己，这是很可悲的。人是应该有自己的主见的，该做什么，不该做什么，应听从自己内心的决断。既不盲动也不盲从，决不做他人的傀儡和走卒。

（三）第三阶段：挖掘自身优势，明确发展方向

1. 服务目标

协助服务对象挖掘自身优势，明确自身发展方向。

2. 具体过程

在对自我优势挖掘上，社会工作者选用了"20 个我是谁"的心理小游戏。社会工作者要求服务对象在 10 分钟内写出"我是谁"的 20 个句子；比如"我是一名社会工作者"，"我是一个热情开朗的人"等类似的语言，这 20 个"我是谁"按照思考的顺序来写，不必考虑逻辑关系。

服务对象按照社会工作者的要求，在 10 分钟内写出了以下 20 个"我是谁"：

我是一个爱钓鱼的人；

我是一个爱打篮球的人；

我是一个爱游泳的人；

我是一个爱喝酒的人；

我是一个爱玩手机的人；

我是一个爱玩的人；

我是一个爱上网的人；

我是一个性格急躁的人；

我是一个直性子的人；

我是一个普通人；

我是一个善良的人；

我是一个爱做饭的人；

我是一个爱开玩笑的人；

我是一个爱卫生的人；

我是一个爱帮助别人的人；

我是一个体贴别人的人；

我是一个爱唱歌的人；

我是一个爱画画的人；

我是一个乐于助人的人；

我是一个爱骑车的人。

社会工作者总结服务对象的这"20 个我是谁"，发现其中 11 个"我"写的是服务对象的爱好，9 个"我"写的是服务对象的脾气性格。社会工作者与服务对象一同分析每一个"我"是如何形成的？服务对象如何评价这一个"我"？这个"我"在服务对象过往的生命中是否曾做过什么？这个"我"在服务对象的将来是否会做什么？

经过与服务对象一同探讨分析，社会工作者发现这其中有部分"我"是服务对象为完成任务而编撰的，比如服务对象提到的"爱上网、爱画画"等爱好其实与服务对象本人的爱好不太相符，只是来完成社会工作者交给的任务。社会工作者并未直接拆穿服务对象的小谎言，而是继续与服务对象一起进行分析和探讨，在交谈的过程中服务对象自己承认了自己的问题，并红着脸，不好意思地笑了。社会工作者对他主动承认这一举动进行了肯定和赞扬。

同时从服务对象对自我脾气性格的描述中，可发现服务对象对自己有一定的认同，但是同时也存在一定的负面评价，服务对象表示自己是一个善良乐于助人的人，爱干净且体贴别人，也常参加一些志愿者活动，但是在脾气上有些缺陷，觉得自己脾气急躁，情绪容易失控，语言上会比较激烈，会经常因此与别人发生冲突，最后服务对象从心理认为自己是一个普通人。此外，服务对象还有一些不良的兴趣爱好，比如爱打麻将进行赌博，爱喝酒，经常出入 KTV 等。

但是社会工作者和服务对象对服务对象的部分爱好进行探讨时，发现其实也有很多优势和潜能。比如服务对象的学习能力较强，服务对象曾因为喜欢打篮球、喜欢游泳和喜欢做饭，专门学习过相关的技能，并且在郫都区的某些比赛中获得篮球比赛的第七名及游泳比赛的第二名；同时服务对象具有一定的就业技能，比如服务对象因喜欢游泳，在学习后考取了救生证，并且曾在游泳池从事救生员的工作，也曾因做菜的技能，在餐馆后厨工作过；此外，服务对象十分有耐心，服务对象喜欢钓鱼，钓鱼是一项非常考验耐心的娱乐项目，服务对象可以每天钓上个 6 小时，可见服务对象十分有耐心。从优势视角理论来分析，服务对象是具有很大的潜能能够顺利回归社会的。为了激发服务对象的内在动力，社会工作者用积极的方式引导服务对象参与发现自身面临困难的各种资源和能力，同时把服务对象自身的资源和能力视为优势以肯定和赞赏的方式反馈给他，激发内在的优势动机，形成自我管理的能力。

在听完社会工作者的分析后，服务对象表示自己其实非常开心，因为在此之前，他的父母和亲戚朋友都认为自己是一个坏孩子，没有任何优点，只会惹麻烦，他也就一直觉得自己就是这样了。现在听了社会工作者的鼓励，服务对象觉得自己有信心能够做到更好。

不久，服务对象告诉社会工作者，他找到了一家餐馆的后厨工作，并且老板对他非常好。他有忙碌的工作以后，生活变得更充实了，喝酒的时间变少了，自然就减少了喝酒的行为。并且，服务对象表示将会在结束社区矫正之后，前往成都继续学习厨艺，学习一门手艺。

（四）第四阶段：加强家庭互动，提升社会支持

1. 服务目标

与家人沟通，引导家人改变相处方式，改变互动模式。

2. 具体过程

服务对象的家庭对他的影响很大，服务对象与母亲关系紧张，家人之间一直缺少沟通，他都以漠视作为一种阻抗反应。社会工作者鼓励服务对象和自己的父母进行沟通，社会工作者又找了服务对象的父亲和母亲进行面谈和电话访谈，希望他们能转变沟通模式，换一个角度感受服务对象的心情，服务对象的父母表示会慢慢改变，也开始关注服务对象的思想。再亲近的人也需要沟通才能知晓对方，社会工作者鼓励服务对象和父母多沟通，把自己的想法告诉家人。

后来服务对象告诉社会工作者，父亲经常给自己打电话叫其一起吃饭，自己也会去。母亲也多次联系他，对他的关心变多了，还希望能够加上服务对象微信。服务对象也与母亲加了微信，虽未深入交流，但关系比原来缓和了许多。而在这样的越来越和谐的家庭关系里，服务对象在工作时更加认真了，对自己未来的发展也更有自信了，本个案服务取得了较好的服务成效。

五、服务评估

（一）评估方法

1. 观察法

社会工作者从介入前后观察服务对象的变化，包括观察面谈中情绪的变化，观察其参加活动情况和表现。

2. 社区矫正对象评估

通过感受自身的变化，反馈给社会工作者来评估其服务目标的完成度。

（二）评估内容

社会工作者初次见服务对象时，服务对象是在其父亲的陪伴下来到司法所，在交谈过程中社会工作者介绍了社会工作者项目的工作内容、目的及保密原则，建立专业关系。面谈过程较为轻松，服务对象比较健谈，社会工作者提出的问题基本上由服务对象回答，服务对象父亲则低着头，玩手机，但是社会工作者针对服务对象的个人情况提出问题时，服务对象父亲也能很好地回应。服务对象及家人配合社会工作者工作，态度良好。

在社会工作者的帮助下，服务对象已缓解由案件带来的心理压力，积极正向地面对生活；通过挖掘自身的优势，明确了日后自身的发展方向；与家人沟通关系得到改善，家庭支持系统得以修复。

综合来看，服务对象 H 的状况有了明显好转，服务目标顺利达成，自然结案。

六、总结与反思

经社会工作者的介入，服务对象 H 在服务期间遵纪守法，学会以换位思考的方法加强与家人的沟通，家庭关系得以修复；通过挖掘自身的优势，服务对象 H 明确了日后自身的发展方向。社会工作者进行了总结和反思，认为整个介入过程起到关键性作用，主要体现在以下几个细节。

（一）剔除标签化的主题，强调正面潜能

相信青少年正面发展取向与青少年问题的矫治并非排斥，两者可以取长补短，互相结合。与物质上的帮扶相比，精神上的自强自立、健全人格的形成尤为重要。

（二）重新认识自己，改变认知，找到目标

社会工作者运用认知治疗模式，帮助服务对象找到对自己认知的盲点，承认自己的现状，正视自身的问题，修正核心信念的自动思维。同时通过服务对象自己的成功经验，挖掘出他的优势，依靠自己的能力，获得了认可，重新树立起自信。

（三）以家庭为原点，寻找出服务对象与家庭成员的沟通障碍，改变互动方式

服务对象与家人的相处方式一直是畸形状态。社会工作者根据家庭治疗的方法，不仅指出了服务对象的生存状态，同时也指出了其父母需要改变的方向，双管齐下，让双方都了解到沟通的重要性，从双方自身出发，学会换位思考和正确表达情感的方式，重新接受对方，重塑家庭角色。

案例五　青少年人际交往小组服务

一、案例背景

人生活在现实社会中，都需要与人进行各种各样的交往，人际交往是人际沟通的基本形式，是人与人之间交换意见、传递思想、表达感情和需求的信息交流过程，这是人生中的一种非常重要的能力。

对于青少年来说，人际交往是他们认识自我、他人和社会的基本形式和途径。善于与人交往，有利于青少年自我意识的增强和自我同一性的发展，满足青少年的内在需要；有利于青少年更好地融入社会，加速青少年的社会化进程。相反，不善于与人交往，则可能导致青少年不能正确地认识自己、他人和社会，并且影响青少年顺利成长和发展。本次活动旨在帮助青少年群体学会与他人交流沟通。

二、需求分析

（一）服务需求

人际交往是人际沟通的基本形式，是人与人之间交换意见、传递思想、表达感情和需求的信息交流过程。人际交往是社会生活的重要内容之一，然而有些青少年因人际关系处理不当，引发自卑、孤独、冲动、拘谨胆小等心理问题，或有些青少年将过多时间消耗在网络游戏上，与家人、同学、朋友之间的交流减少，变得不善交际，以致无法适应校园生活、融入社会。对于正处在成长和发展时期的儿童青少年来说，人际交往是他们认识自我、他人和社会的基本形式和途径。善于与人交往，有利于儿童青少年自我意识的增强和自我同一性的发展，满足内在需求，促进社会融合。

同时，社会工作者通过人际自测来对学生进行评估，从中了解到，无论是七年级还是八年级的学生，都对怎样进行人际交往感兴趣。于是社会工作者便从这一点入手，满足学生的人际交往需求。

（二）理论分析

1.“镜中自我”理论

“镜中自我”理论认为，人的行为很大程度上取决于对自我的认识，而这种认识主要是通过与他人的社会互动形成的，他人对自己的评价、态度等，是反映自我的一面“镜子”，个人通过这面“镜子”认识和把握自己。因此，人的自我是通过与他人的相互作用形成的，这种联系包括三个方面：关于他人如何“认识”自己的想象；关于别人如何“评价”自己的想象；自己对他人的这些“认识”或“评价”的情感。在这其中，前两项只有在与别人的接触中、透过别人的态度才能获得。

2.符号互动理论

符号互动理论是一种侧重于从心理学角度研究社会的理论流派，又称象征互动论，一种侧重于从心理学角度研究社会的理论流派。这一理论认为，社会是由互动着的个人构成的，对于诸种社会现象的解释只能从这种互动中寻找。在符号互动理论中，符号是基本的概念。符号是指所有能代表人的某种意义的事物，比如语言、文字、动作、物品甚至场景等。一个事物之所以成为符号是因为人们赋予了它某种意义，而这种意义是大家（相关的人们）所公认的。文字是一种符号，它是认识或使用该种文字的人的沟通工具。语言是所有符号中最丰富、最灵活的一个符号系统，通过口头语言、身体语言（包括表情与体态）等人们可以传达各种意义，实现人们之间的复杂交往。

三、服务计划

（一）服务目标

1.总目标

在小组活动中，组员能在社工和志愿者的引导、同伴互动下，学习人际交往的技巧，积累交往经验，以提升自我认识、自我表达，解决自身在人际交往中存在的困难和问题，增强自信心和对集体的认同感和归属感。

2.分目标

（1）引导组员正确认识自我和认识人际交往的重要性。

（2）让组员通过游戏了解人际关系冲突形成的原因和妥善处理的方法。

（3）在小组中运用各种交往技巧来增强和改善组员的沟通交流。

（4）引导组员在小组中形成彼此相互信任的关系，促进沟通与合作，巩固小组中产生的友谊。

（5）鼓励组员在生活中主动积极地与人交往，巩固小组学习成果，在现实生活中学习、反思、提高和成长。

（二）服务信息

（1）小组名称："友来友往"人际交往小组。

（2）小组性质：成长发展性小组。

（3）小组地点：学校活动室。

（4）小组人数：10人。

（5）招募方式：张贴海报招募。

（三）服务内容

本小组共分为5次活动，围绕青少年的人际交往需求，社会工作者为每次活动设定了不同的目标和内容，具体情况如表1-4所示。

表1-4　社会工作者为每次活动设定了不同的目标和内容

第一节 有缘来相见					
本节目标	85％的组员通过此次活动能够相互叫出彼此的名字				
	时间	题目	目的	内容	物资
1	5分钟	相遇便是缘	1. 让组员认识工作人员 2. 让组员认识本小组活动工作目标及目的 3. 与组员签订规则	1. 工作人员先进行介绍自我。 2. 工作人员介绍本次小组活动的意义、目的、活动内容和时间安排。 3. 由工作人员给组员发放纸和笔，工作人员引导组员达成协议，最后组员签字确认。	契约、笔
2	15分钟	我心目中的你	让组员相互认识	组员两两结对，交流5分钟，然后与大家介绍自己的搭档，工作人员在一旁拍照记录	手机

续表

	时间	题目	目的	内容	物资
3	20分钟	同心协力	活跃气氛，加深认识	1. 游戏名称：双人顶气球接力 游戏规则：两人一组，背对背夹着气球，从一头跑到另一头，中途气球不能掉下来，若掉下即重新开始，先完成的一组获胜，并得到奖励 2. 游戏名称：画肖像 游戏规则：将组员分成两组，选出一个代表蒙住双眼，工作人员分别为两组选出"模特"，每组其他组员向本组代表描述该组"模特"特征，代表在纸上画出	糖果、气球、纸、笔
4	5分钟	总结分享	1. 总结本次活动内容 2. 为本次活动评分	1. 工作人员与组员重温本次活动内容并进行总结。 2. 邀请组员为本次活动评分。 3. 提醒下一次活动时间	纸、笔
预计困难			1. 出现活动秩序问题。 2. 成员互相不认识，出现冷场情况		
解决方法			1. 在活动中出现秩序问题时，工作者在一旁及时提醒。 2. 工作人员进行示范引领或自我披露，带领组员熟悉		

第二节 口说我心

本节目标			85%以上的组员经过此次服务之后，能通过"同伴沟通情景模拟"测试，并达到80分以上		
	时间	题目	目的	内容	物资
1	5分钟	回顾活动	巩固上节活动内容，并告知本节活动目标	工作人员带领小组成员回顾上节内容，并简要介绍本节活动内容	无
2	15分钟	正话反说	以游戏的方式让组员学会正确地自我表达	工作人员要事先准备好一些词语，说出一个词语，参加游戏的组员必须反着说一遍，比如"新年好"，组员要立刻说出"好年新"，说错或者猛得停住的人即被淘汰。从三个字开始说起，第二轮四个字，第三轮五个字，以此类推	词语卡片

续表

<table>
<tr><td colspan="6" align="center">第二节 口说我心</td></tr>
<tr><td>3</td><td>20分钟</td><td>模型还原</td><td>让组员们相互配合，学会互相正确沟通</td><td>将组员分成三组，命名为侦察兵队、通信兵队、工程兵队，工作者事先用积木搭好一个模型，给工程兵队一定数量的积木，侦察兵队负责将看到的模型描述给通信兵队，通信兵队把听到的信息转述给工程兵队，工程兵队负责搭建模型</td><td>积木若干</td></tr>
<tr><td>4</td><td>5分钟</td><td>总结</td><td>结束本次活动</td><td>工作人员对本节活动进行总结，并通知下次活动时间</td><td>无</td></tr>
<tr><td colspan="2" align="center">预计困难</td><td colspan="4">组员可能不愿主动发言，积极性不够</td></tr>
<tr><td colspan="2" align="center">解决办法</td><td colspan="4">1. 对组员多多鼓励，以提问的方式引导他们主动回答；
2. 积极倾听组员的需要；
3. 多做破冰活动</td></tr>
</table>

<table>
<tr><td colspan="6" align="center">第三节 我是分享家</td></tr>
<tr><td colspan="2" align="center">本节目标</td><td colspan="4">85％以上的组员能够互相坦白交流，表达自己的内心感受和想法</td></tr>
<tr><td></td><td>时间</td><td>题目</td><td>目的</td><td>内容</td><td>物资</td></tr>
<tr><td>1</td><td>5分钟</td><td>回顾活动</td><td>回顾上一节活动内容，告知本节活动目标</td><td>工作人员带领组员回忆上节活动内容，并介绍本节活动内容</td><td>无</td></tr>
<tr><td>2</td><td>30分钟</td><td>合力传话</td><td>培养组员专注倾听能力，帮助组员勇于表达自己，获得团体归属感</td><td>所有组员分成两组，每组纵列站立，工作人员请各组第一位组员看谜底，然后将谜底内容用肢体语言表达出来，后依次传给下一位组员。每组最后一位组员猜出谜底，递交给工作人员。工作人员待每一组递交完毕，公布谜底，让各组组员比较交出来的答案和原来答案的异同。做过比较后，工作人员再向组员说明：与人沟通时，专注倾听的重要性及如何更有效地表达自己</td><td>A4纸、谜题</td></tr>
<tr><td>3</td><td>5分钟</td><td>我爱分享</td><td>锻炼组员的大胆沟通胆量，破除内敛害羞心理</td><td>每位组员在工作人员那里抽一个签，签上有是"1"的就分享一个小故事或笑话等</td><td>纸团</td></tr>
</table>

续表

4	5分钟	总结	总结本次活动内容	由工作人员总结本次活动内容，并邀请组员分享感受，并为本次活动打分	纸、笔
预计困难			1. 活动分享中组员可能不知道分享什么； 2. 组员可能过度依赖工作人员； 3. 传话时秩序混乱		
解决办法			1. 工作人员引导组员回答； 2. 工作人员帮助组员培养独立人格和独立思考的能力； 3. 维持秩序		

第四节　小小侦探家

本节目标			90%以上的组员能够辨别同伴中的不良行为，拒绝模仿，掌握正确交友方法		
	时间	题目	目的	内容	物资
1	5分钟	回顾内容	回顾上节内容，并告知本节活动内容及目标	1. 工作人员带领组员回顾上一节活动内容； 2. 工作人员介绍本次小组活动的内容及目标； 3. 告知组员小组活动即将结束	无
2	35分钟	分享大会	学会如何拒绝模仿不良行为	组员分享他身边的朋友有没有发生过类似的事情，我们遇到这些事情该如何做，然后将自己分享的情况画成一个手抄报展示出来	纸、水彩笔
3	5分钟	总结	对内容进行总结和评估	组员展示手抄报，然后工作人员总结此次活动，告知下次活动时间	无
预计困难			1. 组员投入感低或比较被动； 2. 小组组内有争执，矛盾激化		
解决方法			1. 工作人员鼓励组员参与及发言； 2. 活动开始前，安排热身游戏以增加组员的投入感； 3. 工作人员在适当时，对组员的表现做出赞赏，推动他们参与； 4. 工作人员先调停争执，然后了解事件始末，如果事情是因为误会而引起，工作人员可对事情做出澄清； 5. 完结小组后，工作人员做出个别的跟进		

第五节　下次再相聚

本节目标			回顾整个服务过程，结束服务，处理离别情绪		
	时间	题目	目的	内容	物资

续表

1	10分钟	回顾分享	回顾上节内容,并告知本节活动内容和离别	1. 工作人员带领组员回顾前几节内容; 2. 告知组员此节活动是本次最后一次活动	无
2	15分钟	愿望树	促进组员对未来的希望和憧憬	邀请组员在纸上写出自己的愿望,贴到树上面,然后邀请组员分享,读出自己的愿望	纸张、彩笔
3	10分钟	测评	进行评估	让组员填写问卷	问卷量表
4	10分钟	交流感言	促进组员表达感受,进行总结	1. 邀请组员分享在此次活动中的感受与收获; 2. 工作人员对组员进行颁奖,鼓励他们; 3. 工作人员进行总结发言,宣布小组结束	无
预计困难			成员之间不舍,情绪悲伤		
解决方法			工作人员进行情绪疏导,减轻离别情绪		

四、服务过程

(一)第一节:有缘来相见

1. 活动过程

活动开始前,工作人员邀请了每一位组员前来登记自己的姓名,以及抽取纸条进行分组。活动正式开始工作人员先介绍了自己,并发放了小组契约供小组成员签约,紧接着又按照两两分组让其组员互相介绍。接下来便开始了游戏环节,第一个游戏是"抢垫子",游戏规则与"抢凳子"规则一样,工作人员会站在垫子中央,播放音乐,音乐停,则所有组员都要找到垫子并坐下,就此逐一淘汰,第一轮和第二轮淘汰的组员积1分,第三轮和第四轮淘汰的组员积2分,第五轮和第六轮淘汰的组员积3分,其余组员均积5分。积分制的出现是为了激励小组组员以更积极更饱满的心态去参加活动,从而使活动达到更好的效果。第三个环节是"画肖像",工作人员将8人分为两组,选出一个代表蒙住双眼,工作人员在两组分别筛选一个"模特",每组其他组员向本组代表描述该组"模特"特征,代表在纸上画出,该节活动活跃了小组的氛围,从而也加深了小组成员彼此之间的认识。最后工作人员进行总结与回顾,加深小组成员影响以及巩固收获。

2. 观察记录

在小组中,工作人员积极鼓励组员进行分享。对不遵守小组纪律的组员,进行了一定的引导和劝阻。控场能力还有很大的改进之处,小组活动事先准备的不够充分,对于突发问题不能及时处理。

3. 服务调整

工作人员可以把铺垫拉长一点，从而去引导各组员进行自我介绍与剖析；控场能力应该在经验中不断积累，从而达到自我实现的目标；前期准备一定要充分，要充分预想可能会发生的事情。

（二）第二节：口说我心

1. 活动过程

活动开始后，工作人员首先邀请新加入的组员简单介绍自己的姓名。介绍完毕后带领组员回顾上一次活动并开始第一项游戏。游戏共分为三轮，每轮五分钟，但在第一轮时就出现了各种状况，成员之间窃窃私语、不配合活动开展，与他人发生摩擦。游戏进行到快要接近下课时工作人员提议大家谈谈今天发生的问题和感受以及意见等。根据大家反馈的问题，工作人员表示会根据大家的意愿进行活动调整并尊重大家的决定，同时希望组员有其他问题或想法可以告诉工作人员。

2. 观察记录

工作人员对学生的分享给予了鼓励和肯定。对于不愿意参加活动的学生，工作人员进行了及时的引导。针对未能继续开展的活动，工作人员能够及时调整活动环节，以确保活动的进行。引导组员表达自己的真实想法，并在最后和大家进行了一个谈心小环节。

3. 服务调整

工作人员在组员出现口角和争执时要及时阻止并给予提醒。组员产生排斥情绪时要及时发现并安抚。当游戏或活动进行不下去时要及时调整甚至临时改变活动。在合适的时机可以停止游戏，让组员坐下一起讨论或思考活动中出现的问题。

（三）第三节：我是分享家

1. 活动过程

引导大家回忆上一节的活动，从而引出接下来的活动。第一个活动是"你画我猜"，将组员分成两组，由工作人员提供词汇，组员们依次用肢体语言去传递该词汇，再让最后一位同学去猜该词汇，以便其知道沟通的重要性。其次，邀请各个组员抽签，抽到"1"的同学分享自己的趣事或者其他有趣的事情，效果良好，组员们也相处得极为融洽。最后工作人员布置作业，以便下一次活动的开展。

2. 观察记录

游戏设计使活动氛围良好，带动组员积极性。工作人员能及时强调纪律，提醒组员。在组员不知道说什么时及时引导。给组员布置小任务，加深他们的印象和参与度。

3. 服务调整

及时联系好活动场地。在活动开始时继续给大家强调纪律问题，通过小奖励、小惩罚加深组员印象。增强对时间的预估和控制，避免时间不足或时间过多的情况。

(四) 第四节：小小侦探家

1. 活动过程

活动开始前，大部分组员未按时到场，直至组员到齐并整理秩序已经耽误 5 分钟。活动正式开始后工作人员带领组员回忆上一节活动内容，介绍本次活动的内容。随后将组员两两分组进行，开始"扭扭乐"游戏。组员以极大的兴趣参与其中，活动氛围良好。但在活动过程中发生了争执和口角，工作人员及时制止并维护秩序，游戏仍旧顺利进行。活动结束后工作人员做出总结，并提醒组员下次开展活动的时间。

2. 观察记录

及时维持课堂秩序并提出警告。在组员开展游戏中面临卡顿时及时给予帮助。组员间发生争执和口角时及时阻止并安抚组员情绪。对时间的把握存在欠缺，以至于在最后总结环节显得草率和简略。

3. 服务调整

活动效果整体较为理想，组员都积极参与活动并分享感受。工作人员可以在日后的活动中更加注重对时间和纪律的把控，帮助组员树立守时意识，保证活动顺利进行。在组员间爆发矛盾和冲突时及时阻止并安抚情绪，在活动最后总结时也应该将活动中发现的一些问题提出，让组员与工作人员一起反思总结。

(五) 第五节：下次再相聚

1. 活动过程

活动开始，工作人员向小组成员表明这是最后一节活动，并带领大家回顾以往活动的收获以及意义。紧接着对小组成员进行分组，把 9 人分为三组，三组成员分别画手抄报，从而展现自己的所学所得，画完后，工作人员邀请了每个小组派一个代表，进行手抄报分享。最后工作人员进行整个小组活动的总结，以及表明感谢大家的参与。

2. 观察记录

在纪律出现问题时能够及时维持秩序并提出警告。遇见不愿意参加手抄报制作的小伙伴进行了适当引导。组员间发生争执和口角时及时阻止并安抚组员情绪。

3. 服务调整

活动效果整体较为理想，组员能积极参与活动并分享感受。但由于经验不足，工作人员在总结和引导阶段，存在问题，后期需不断提升。其次针对手抄报绘制，有成员违背了小组活动主旨，需要在下次活动之前，规避以上问题。

五、服务评估

(一) 评估方法

本小组通过定性和定量相结合的评估方法，采用问卷调查表、观察、访谈形式获取评估资料，了解小组过程中出现的问题，充分获取服务对象及专业督导的意见，评估服务成效。

（二）评估内容

在最后一节活动中，用调查表检验学生的收获以及学生的运用情况。

结合活动效果较好，组员们积极参加每一节活动，配合工作人员完成相应的小组任务，并且积极分享和踊跃发言。通过问卷发现组员对活动开展存在较高满意度，小组的目标基本已达成。从社会工作督导的反馈来看，虽然社会工作者在刚开始带领小组的经验不足，但经过每一节小组活动的及时反思和改进之后，工作人员在小组后期带领技巧有了很大的提升，顺利地完成了小组，实现了小组目标。

六、总结与反思

在小组的前期，小组处于一种混乱状态。七八年级的矛盾、小组的匆忙开展以及对组员的一知半解，都成了小组混乱的导火线。于是不得不停下来处理组员之间的矛盾，以确保小组的流畅性。对于社会工作者而言，尽管对小组中组员矛盾的急剧化而感到崩溃和自我否定，但能及时调节心态，迅速将矛盾双方分开，并对问题严重的学生进行个案面谈，确保小组的顺利进行。

在小组中期，组员们的关系虽然变得融洽，但纪律的问题开始突出。在活动开展过程中，明确地发现，组员们不听小组规则。总结发现，学生的思维具有流畅性，他们是极具想象力的群体。在发现这个问题的同时，社会工作者积极思考应对策略。在中期的两次小组中，通过实践发现可以在小组开始前与服务对象做个小约定，可以是纪律小口诀，也可以是奖惩机制，能够起到很好的效果。

在小组后期，经过前期的反思和经验积累，已能引导学生的行为，小组活动张弛有度，小组成员都能积极参与小组活动。在小组活动开展过程中要及时寻找问题，及时补救，才能让下一次的小组呈现更好的面貌。

第二部分　老年社会工作服务案例

案例一　独居老人的多元社会支持服务

一、案例背景

Y 社会工作服务机构专注于城市社区发展，以协力构建"更具幸福感的社区"为使命，通过参与式的方法，培育社区社会资本，推动社区可持续发展。机构立足于社区，扎根在社区，承接政府转移职能，涵盖公共服务、社区发展、家庭综合支持、咨询评估四大业务模板，是城市社区社会组织的引领者和实践者。

2020 年 9 月，Y 机构社会工作者在开展困难群众入户慰问服务时，发现服务对象 H 婆婆面临困难，需要社会工作者介入提供服务。服务对象 H 婆婆，1944 年生（现年 76 岁），丧偶，独居，1989 年从 ZY 改嫁至 SL 区，靠养老金（600 余元/月）和低保金（200 余元/月）维持基本生活，收集纸壳、塑料品等废品卖钱贴补家用。服务对象有 4 名亲生子女，年龄在 40～52 岁之间，分别在乐至、冕宁、河南等地组建家庭，服务对象仅与大女儿偶有电话联系；服务对象 1989 年从 ZY 改嫁至 SL 区，有 3 名继子女，年龄在 45～49 岁之间，在 SL 区某街道组建家庭，与服务对象无往来。2002 年第二任丈夫去世后，独自居住在第二任丈夫的单位房内（房产为继子所有）。服务对象患 II 型糖尿病，已在某社区卫生服务中心办理特殊门诊，每季度医疗费自费金额 100～300 元。H 婆婆在 2002 年第二任丈夫去世后，开始长达 19 年的独居生活。H 婆婆说："跟他们（继子女）也没有（来往），（逢年过节）也没有看我。"根据社会工作者的初步评估，H 婆婆属于国家最低生活保障家庭，目前一人寡居、健康情况较差、精神较萎靡，且居家环境较差，在与 H 婆婆的交流中，H 婆婆愿意接受社会工作者的进一步服务，社会工作者在和机构理事商讨后决定为 H 婆婆提供个案服务，进行个案管理。

二、需求分析

（一）服务需求

1. 经济支持需求

服务对象患 II 型糖尿病，在社区卫生服务中心办理特殊门诊，每季度医疗费自费

100～300 元不等，但每月的养老金和低保金有限，同时在收集纸壳、塑料品等废品卖钱贴补家用，服务对象生活拮据，每月资金不足，需要一定经济支援。

2. 居家改善需求

服务对象住房位于一楼，采光较差；房间内杂乱堆放衣服、杂物、生活用品，通风较差，影响服务对象身体健康，且有用电用气等方面的安全隐患。

3. 社交需求

服务对象常年独居，与亲生子女联系较少、与继子女无交流，偶尔有几个老伙伴、老邻居可以聊天散步，"哎，她们有她们的事"，服务对象语气低落、精神较萎靡。服务对象认为自己是一个没人要，没人关心的"老太婆"，活着没有价值，说不定哪天就悄悄死在家里了。服务对象情绪低落，认知存在偏差，需要精神慰藉支持。

（二）理论分析

依据社会支持理论的观点，一个人所拥有的社会支持网络越强大，就能够越好地应对各种来自环境的挑战。个人所拥有的资源又可以分为个人资源和社会资源。个人资源包括个人的自我功能和应对能力，后者是指个人社会网络中的广度和网络中的人所能提供的社会支持功能的程度。

Y 社会工作服务中心的介入，成为服务对象社会支持网络的关键枢纽，社会工作者通过资源链接的方式，为服务对象申请营养费补贴、物资帮扶；链接社会支援，成都 A 清洁服务有限责任公司提供居家清洁服务；链接志愿者，爱心人士给予精神陪伴，缓解孤独感，通过陪伴增加归属感。社会工作者积极邀请老人参与各种关爱活动及服务活动，加强老人的社会交往，培养兴趣爱好，参与社会活动，丰富老人们的晚年生活，提高生活质量。在社会工作者的服务过程中帮助服务对象改变消极的自我认知，学会识别非理性信念，接受积极健康的心理暗示，转变人生态度。服务对象基本生活及生命安全得到保障，增强服务对象应对困难的能力。

三、服务计划

（一）服务目标

（1）经济救助，填补疾病治疗资金缺口。

（2）居家改善，营造健康安全有利环境。

（3）满足社交需求，扩大社交范围。

（4）增进老人与女儿的交流，改善家庭关系。

（5）链接多方社会力量，拓展社会支持网络。

（二）服务计划

1. 前期筹备

（1）前期宣传：采用海报、网络宣传、定点宣传等形式。

（2）资源整合：此项目可整合高校志愿者、积极居民骨干、老年协会骨干、医院等资源的整合与联系。

（3）义工招募：主要以社区为主要群体，成立专项服务队。建立志愿者服务网络体系。

2. 中期阶段

（1）资金帮扶，填补少量缺口。

（2）多方联动，提供物资帮扶。开展次数，根据情况进行。

（3）困境长者服务，由志愿者及社区居民骨干入户探访困境、高龄长者，了解需求，提供志愿清洁服务。

（4）老年传统文化服务，丰富长者文化生活。

3. 终期阶段

（1）整理资料，完成问卷整理及分析，存档。

（2）结项评估。

四、服务过程

（一）资金帮扶，填补少量缺口

社会工作者结合入户探访情况、社区提供的信息，了解到服务对象的亲子女、继子女均未给予服务对象资金支持，服务对象仅靠低保金、养老金（两项合计935元/月）以及卖废品作为收入，虽然服务对象每季度个人自付医药费较少，但对服务对象而言是个不小负担。区援助中心社会工作者立即链接成都市 SL 区慈善会，于 2020 年 11 月为服务对象申请营养费补贴 1 200 元/年，填补医药费用部分资金缺口。

（二）多方联动，提供物资帮扶

结合服务对象年老独居情况，2020 年 9 月、2021 年 1 月和 8 月社会工作者通过链接公益慈善资源，先后三次为服务对象提供防疫包和米面油等生活物资帮扶；2021 年 3 月社会工作者利用本地资源，为服务对象募集到一台 7 成新的全自动洗衣机，并将洗衣机送往服务对象家中。2021 年 12 月 10 日上午，由成都高新技术产业开发区中和街道办事处主办、中和街道社会关爱援助中心（以下简称中和关爱）承办的中和街道社会关爱援助中心启动仪式暨中和街道首期义集"施援助人，纳爱升己"的开幕仪式在双龙社区和谐广场隆重举行。中和街道党工委委员、办事处副主任徐翠英女士，中和街道民政工作人员，20 个社区民政相关工作人员出席。中和街道党工委委员、办事处副主任徐翠英上台致辞，她简明扼要地对成立中和关爱的原因、目的及意义向现场居民进行了阐释，并指出了成立中和关爱的重要性。倡议居民及社会爱心人士加入起来，把社会力量与政策相结合，努力把中和街道建设成用爱照亮每一个角落，用服务凝聚人心，用生命影响生命的温暖大家庭。

（三）志愿服务，让这个新年不一样

社会工作者在与服务对象建立服务关系的同时，多次询问服务对象是否需要深度家居服务，在得到否定答复后，社会工作者表示可以和服务对象一起打扫，但服务对象一再强调"我（膝盖）松活点（舒服点）晓得自己扫"。直到接近年末，社会工作者再次征询服务对象有无深度居家清洁意愿时，服务对象低声答复"还是愿意"。2021年2月7日（腊月廿六），社会工作者通过区慈善会链接到成都经典清洁服务有限责任公司的5位专业家政服务志愿者同社会工作者一道为服务对象提供家居清洁服务。当天早上8点至11点，5名志愿者、2名社会工作者和服务对象本人，分工合作，有序地收拾纸箱纸盒，整理收纳衣物鞋帽，打扫卫生间、厨房，归置厨具餐具，擦拭墙面、洗拖地面，不放过一个角落，清清爽爽迎新年。

（四）鼓励社交，丰富独居生活

社会工作者在服务过程中多次征求服务对象意愿，引导其同社会工作者一起参与位于该街道的区中心敬老院为老服务活动或儿童部志愿服务活动，或鼓励其参加该社区老年文艺队，服务对象均以"腿（膝盖）不舒服"不愿参与。通过进一步的评估，社会工作者了解到服务对象拒绝参加这些社交活动，很大程度上是因为缺少熟悉的伙伴陪同，觉得社会工作者陪伴的话，心理又会有负担。因此，社会工作者联系服务对象伙伴，社区社会组织一同协助服务对象积极参与丰富的社会活动。

（五）增进交流，改善家庭关系

本着服务对象自决原则，社会工作者未能进一步扩大服务对象交际范围，但帮助服务对象认识到原有的社交网络，进行巩固搭建，形成长期有效的社会互助网络平台。并且通过社会工作者为服务对象提供近40次电询和面询服务，和服务对象拉家常，叮嘱服务对象按时服药、注意保暖、防暑防疫，鼓励积极参与服务活动等与服务对象建立良好的专业关系。在此过程中，社会工作者了解到服务对象存在改善家庭关系的需求，鼓励服务对象和亲生子女加强联系；耐心倾听服务对象分享与子女的沟通情况，并给予沟通技巧辅导，对服务对象家庭关系的改善给予正向肯定。

（六）动态随访，提供多元化服务

社会工作者与服务对象的全科医生交换了联系方式，为服务对象提供及时高效援助救助服务；汛期致电服务对象询问是否受灾，得知老旧雨篷坍塌后入户查看情况；根据实际情况给予服务对象白内障就诊准备建议；不定期电话回访，关注服务对象生活身体状况。

（七）寻找获得的政策内外救助

社会工作者积极链接资源，寻找获得的政策内外救助。一方面是政策内救助，包括社区快速救助、最低生活保障救助、特殊门诊医疗救助等；另一方面是政策外帮扶，包括申请区慈善会营养费补贴，链接社会资源帮扶改善服务对象家庭生活，链接志愿者居家清洁

服务，区关爱援助中心社会工作者一对一跟进服务等。

五、服务评估

（一）医药费用得到保障

动员政府内外资金帮扶，协助服务对象申请村（社区）快速救助和区慈善会营养费补贴，顺利填补服务对象因患Ⅱ型糖尿病长期服药造成的少量资金缺口；后期将继续协助服务对象申请新一年度的快速救助、营养费补贴等政府内外帮扶，保障服务对象基本生活不受影响。

（二）居家环境得以改善

链接专业志愿者、社会爱心人士、区慈善会等资源，为服务对象送去防疫包（含清洁用品）、米面油、洗衣机等物资，为服务对象改善居家条件提供帮助；提供专业清洁服务，将服务对象物品分门别类装箱摆放整齐，后期鼓励服务对象继续分装收纳取用衣物，尽量维持良好居住环境。

（三）柔性关照提供慰藉

采用专注、倾听、鼓励、建议等技巧为服务对象提供常态化精神慰藉服务；服务对象与亲生子女联系频率有所提高，"（现在）比以前打（电话）多了，前头（前几天）我孙子来这边时，还来看我了"；与服务对象的全科医生交换了联系方式，搭建关爱网络。将服务对象作为重点动态关注对象，在常态回访的基础上，遇疫情、暴雨等特殊情况紧急随访，用多元化柔性关照助力服务对象美好生活。

（四）社会网络的搭建，多元社会力量的汇集

1. 正式支持系统

（1）成都市 SL 区民政局。

（2）成都市 SL 区某街道办事处。

（3）成都市 SL 区某街道某社区。

（4）成都市 SL 区某社区卫生服务中心。

（5）成都市 SL 区民政局社会关爱援助中心。

（6）成都市 SL 区慈善会。

（7）Y 社会工作服务中心等。

正式的社会支持表明可以为服务对象提供更多物质上的支持、手段方法的支持，切实解决服务对象面临的困难，帮助服务对象及时摆脱当前的困境。

2. 非正式支持系统

（1）成都 A 清洁服务有限责任公司。

（2）爱心人士。

（3）志愿者等。

非正式的社会支持表明可以为服务对象提供不限于物质的支持，非正式的社会支持系统提供一定的物质和更多的精神手段对社会弱势群体进行无偿帮助。正式与非正式的支持都被定义为一种能够促进扶持、帮助或支撑事物的行为或过程。社会支持是个体从社区、社会网络或从亲戚朋友获得的物质或精神帮助。社会支持是个体经历被爱、有价值感和他人所需要的一种信息，是一种在社会环境中促进人类发展的力量或因素。

六、总结与反思

在服务过程中，长期与服务对象开展温和"斗争"，确保专业服务顺利推进，同时引导服务对象参与自助自救，而不是一味地"等靠要"。服务初期，服务对象每天一个电话、连续3～4天，询问同一事项，如"低保金多久发"；每天3～4个电话，询问社会工作者"上（下）班没有、吃饭没有"等。社会工作者反复用双方达成协议、建立边界关系等方式处理此问题，约定每周五电话联系，确保专业服务关系的确立和维护。服务中期，志愿者提供专业清洁服务离开后不久，服务对象因洗手间水管脱落，抱怨"你们把水管整坏了"。社会工作者立即澄清，引导服务对象认识两件事情没有必然因果关系，并协助服务对象关水阀、找维修工；在维修工歇业情况下，社会工作者协助服务对象购买工具修缮水管，并在维修过程中和服务对象达成"服务对象自付工具费用"协议。

在社会工作服务中，资源链接是关键，整合政策内外资源和公益慈善、志愿者等社会力量共同参与，提供全方位支持，才能有效为服务对象提供个性化、专业化服务。社会工作者发挥专业优势，从微观到宏观，帮助服务对象链接社会资源，拓展社会支持网络。从单一到多元化的服务内容，进行个案管理，帮助服务对象能力提升。

针对独居老人开展关爱服务，不能仅局限于社会工作服务机构一方，社会工作者要发挥自己的专业优势，多方拓展，链接资源，发展建立关爱服务体系，凝聚或者组织社会各方资源为老人服务。为提升独居老人群体的整体幸福感，营造全龄友好的社会氛围，机构寻求通过社会工作专业方法、志愿服务、社区支持等方式从身、心、社、灵四个方面帮助老人们建立健康的生活方式，帮助他们获得适宜的生活照顾，满足独居老年群体在日常生活服务及精神文化方面的需求。

案例二　空巢老人个案服务

一、案例背景

社会工作者在开展主题活动以及老人常规活动中，和服务对象接触交流，从而得知服务对象的一些家庭情况，也从其他社区组长和社区党群服务中心了解服务对象情况，因此社会工作者决定将服务对象列为外展接触的个案服务对象之一，服务对象基本信息如下。

服务对象目前和社区C阿姨和L阿姨一起管理老年协会，且是社区小组长，平时会来参加社区和社工站开展的活动。与邻里之间相处平淡，邻居为青年人，早出晚归，服务对象和邻居见面时间较少，但是和楼上住的S婆婆关系较好，平时也喜欢一起来参加活动。还会帮助社区做一些志愿者服务，社区居委会布置的任务或者社工站活动也参与其中。

服务对象经历过一次摔伤，是社工站社会工作者以及社区书记将其救助，送往医院治疗，因此非常感谢社区和社工站的工作人员，社会工作者也前往医院慰问过服务对象，服务对象身体恢复后，和社区工作人员和社会工作者变得亲近，社会工作者也经常打电话或者面对面谈话，邀请服务对象来社工站参加活动。

服务对象和老伴都有退休金，经济来源稳定。老伴有糖尿病和冠心病，需要打胰岛素缓解病情，平时是服务对象独自照顾老伴生活起居，服务对象自身也有一定身体健康问题，偶尔会腰疼。服务对象有一个女儿，女儿已经结婚且有一个孩子在成都上学，平时不回家，和服务对象不太亲近。女儿虽然和服务对象在同一地区，但是看望服务对象次数特别少，因为之前吵过一次架，所以逢年过节基本不来探望服务对象。虽然服务对象和老伴不想拖累女儿，成为女儿的负担，女儿也有自己的家庭需要照顾并且还有工作，但是在社会工作者和服务对象的对话中可以看出，服务对象希望女儿能够经常来看望自己。

二、需求分析

（一）服务需求

根据观察服务对象及其家庭环境，通过与服务对象进行沟通，社会工作者利用马斯诺需求层次理论分析服务对象目前所展现出的主要问题与需求。

在本案例中，服务对象随着年龄增大，身体状况有所下降，交际圈封闭，因而社会工作者注意让服务对象多参加社会活动，广交朋友，拓展兴趣爱好，把服务对象闲逸的生活时间安排地饶有乐趣，丰富多彩。其次服务对象身体状态最近欠佳，感到腰疼，女儿对自己和老伴关心不够，缺乏亲子之间的互动，服务对象想要得到女儿的问候和关心。

（二）社会支持网络评估

（1）服务对象共同生活的家庭成员是老伴，想要和女儿一家亲近，但是曾经有过矛盾，女儿也不常打电话。

（2）服务对象和老伴互相支持，没有请护工来照顾老伴，自己亲力亲为。和老伴比较恩爱，之前也没有抱怨过照顾老伴麻烦或者劳累，最近因自身身体原因有所倦怠，但还是一如既往地照顾老伴。

（3）服务对象经常和邻居S某一起来参加活动，与社工站的社会工作者关系良好，社会工作者也给予服务对象一定的鼓励，发掘服务对象的潜能。

（4）在景阳社区社工站参加主题活动、小组活动、常规活动等，结识了更多的朋友，扩大了自己的交际圈，融入社区大家庭。

（三）理论分析

马斯洛理论把需求分成生理需求、安全需求、爱和归属感、尊重和自我实现五类，依次由较低层次到较高层次排列。在自我实现需求之后，还有自我超越需求，但通常不作为马斯洛需求层次理论中必要的层次，大多数会将自我超越合并至自我实现需求当中。本案例中，服务对象的需求如下。

1. 生理需求

服务对象身体健康出现一些小问题，腰疼的比较厉害，服务对象生理状态较差，需要提供医疗服务，检查服务对象身体健康状态。社会工作者作为资源连接者，经过服务对象同意，引荐较好的医生，看看除腰疼之外，还有没有其他的健康问题，以便趁早发现和治疗。

2. 安全需要

服务对象最近身体情况不太好，有些腰疼，之前有过一次摔伤。女儿和女婿因为平日工作较忙，没有太多时间去关心她。

3. 社会需要

服务对象姐姐现住在 YB，但因为疫情原因无法前往，姐姐现在也生病住院，有些担心，最近状态较差。和哥哥没有什么来往。女儿和女婿因为平日工作较忙，没有太多时间去关心她，亲情支持较薄弱，心理状态较差，需要增强和朋辈群体之间的联系。

4. 尊重需要

帮助服务对象融入社区，感受社区大家庭的温暖，重拾对生活的信心和树立积极的心态。

5. 自我实现

服务对象目前和社区 C 阿姨和 L 阿姨一起管理老年协会，且是社区小组长，平时会来参加社区和社工站开展的活动。还会帮助社区做一些志愿者服务，社区居委会布置的任务或者社工站活动也参与其中。

（四）问题及潜能

问题：丰富服务对象兴趣爱好，减少服务对象的孤独感和失落感；和女儿关系改善，增进亲子交流；因为身体健康问题而压力堆积，无法排解。

潜能：通过与服务对象的会谈，社会工作者认为服务对象有想要改变的愿望，服务对象虽然处于心情低落状态，但自身恢复能力较强，敢于面对生活；有想要表达的愿望，以及和女儿改善关系的想法；身体并没有太大问题，有想要融入社区的积极态度。

三、服务计划

（一）服务目标

1. 总目标

协助服务对象走出低落情绪，重新和服务对象女儿建立良好关系，融入社区，扩大交际圈。

2. 具体目标

（1）协助服务对象缓解和女儿一家的关系。

（2）协助服务对象树立良好的心态，积极参加社区活动。

（3）协助服务对象丰富老年生活，培养兴趣爱好。

（二）时间安排

2020年11月1日，正式接案，了解服务对象的基本信息并做简要分析，以制订后期工作计划。

2020年11—12月，开展6次个案服务并结案（家访、直接面谈次数视具体情况而定）。

2020年11月—2020年12月，后期跟踪服务。

（三）服务内容

第一次服务：①建立和服务对象良好的专业关系，取得服务对象的基本信任；②了解服务对象基本的家庭情况，收集服务对象以及家庭成员的相关资料；③这次访谈的主要成果是服务对象配合社会工作者进行信息了解并且愿意改变现状，这将为下一步的任务，即让服务对象转变自己的观点和行动打下了基础。

第二次服务：①深入了解服务对象情况，了解服务对象以及老伴最近的身体状况、精神状况，与女儿的关系，与朋友、邻里的关系；②了解服务对象性格以及对待生活的态度和方式；③女儿与服务对象联系的频率，对服务对象的关心程度。

第三次服务：①了解服务对象自上次谈话以来的状况，了解服务对象对女儿不常回家的看法。尽量引导服务对象以客观理性的思想去看待这些问题，并和服务对象女儿取得联系；②社会工作者通过电话形式和服务对象女儿取得联系，女儿其实很担心服务对象，只是和服务对象缺乏沟通，愿意配合工作。③找出服务对象的核心问题和次要问题，核心问题为和女儿重新建立良好关系，次要问题为树立积极心态，培养兴趣爱好。

第四次服务：①资源连接，由本地社会工作者给服务对象推荐较好的医生；②家人互诉，之前因为服务对象一直在意和女儿发生过冲突，但女儿觉得这是正常现象，在认真倾听了他们的心声之后，服务对象释然。服务对象与女儿解开误会，女儿承诺多给服务对象和服务对象老伴打电话问候。

第五次服务：①鼓励服务对象参加社工站活动，与社区其他居民多接触，感受社区氛围，认识其他友好社区人员；②通过参与活动，使服务对象树立积极阳光的心态，更好地面对生活中的挫折。

第六次服务：①结案，通过服务对象、服务对象女儿以及老伴、社工站，邻居等情况反映，评估服务对象改变情况；②根据前五次的访谈，和服务对象一起回顾并总结自身的不足，并鼓励服务对象发挥自己的优势，如擅长手工制作。在活动中还帮助了其他活动成员制作。

后期跟踪服务：社会工作者在结案之后的一个月，对服务对象来参加妇女互助小组和老人康乐小组的情况进行观察，在小组活动结束后通过面谈的方式，对服务对象改善后的情况进行跟踪了解。

四、服务过程

（一）第一次服务

（1）服务对象家距离景阳社区近，就在社工站对面，便于来参加社工站活动，在开展个案之前因为社会工作者的帮助，对社会工作者有所了解，也乐意参加社工站活动。

（2）多方面收集服务对象资料和情况，在第一次会谈中，通过温暖、尊重、真诚、共情和理解等技术，表现出对服务对象的尊重、接纳和关心，并适时表达同感，获得服务对象的信任，使服务对象获得安全感，并且尽可能地让服务对象毫无顾虑地倾诉心中烦恼，宣泄被压抑的情绪。

（3）通过与服务对象交流，社会工作者发现服务对象喜欢参加社工站活动，并且有活动领导人的潜力，乐于帮助别人，老伴虽然有身体疾病，但对生活乐观，与服务对象共同面对，和社会工作者交流流畅。

（4）服务对象在和社会工作者交流时，表示自己非常喜欢景阳社区，也感谢社会工作者，主动说出之前摔倒被救的事情，交流时也不抵触社会工作者。

（二）第二次服务

（1）与服务对象建立合作式的关系，争取服务对象的信任与合作，与服务对象共同确定目标与方案，帮助服务对象建立积极的态度，使其积极参与活动过程。

（2）让服务对象吐露心中的不快，在此过程中全面了解服务对象的需要和主要问题。尽可能深入了解服务对象。

（3）社会工作者与邻居S某、社区工作人员了解服务对象，大家都觉得服务对象好相处，不尖酸刻薄，之前走访过的留守老人很感谢服务对象和社会工作者，在中秋节时问候自己，给自己送月饼。

（4）了解服务对象与女儿接触的时间和每年回家的次数，让服务对象自己说出对女儿的看法。

（三）第三次服务

（1）与服务对象女儿进行联系，先由社会工作者说明情况，再由接案社会工作者对服务对象女儿进行联系与沟通，了解到女儿其实也很担心服务对象，之前服务对象摔伤其实也来看望过服务对象。只是自己工作忙，没有时间来服务对象家里，只是通过电话联系。

（2）基于上一阶段与服务对象关系的基础，开始尝试修正服务对象的错误认知。调动服务对象的好奇心和探索能力，揭示服务对象无效的思维方式和行为方式，让服务对象意识到女儿其实在意服务对象，只是彼此缺乏沟通。

（3）强化了前两次访谈的内容，通过三次访谈基本上指定目标和计划。

（四）第四次服务

（1）服务对象通过参加妇女互助小组和老人康乐小组活动，结识了其他经常来参加活动的社区留守老人和妇女，并和大家一起完成任务，还帮助其他小组成员织围巾和串珠，服务对象扩大了自己原来的交际圈。

（2）服务对象参加了社工站的志愿者活动，让服务对象意识到自己虽年纪大了，但有自己的价值，还能够为社区和社会做贡献，帮助服务对象建立积极和正面的心态。

（3）丰富了服务对象的退休生活，不再除了打麻将，没有其他的兴趣爱好。服务对象现在平时在家也会自己动手制作手工，社会工作者家访时，服务对象还展示自己的手工成果。

（五）第五次服务

（1）运用同理心治疗法，并借助了其家属的力量。服务对象和女儿的关系得到缓和，且两周会打两到三次电话，服务对象和老伴都非常开心，和女儿一家也有所亲近。

（2）帮助服务对象把活动和会谈过程中学到的认知方式、分析和解决问题的方法运用到生活中，来处理自己与家人、社区人员的关系，鼓励服务对象正面评价自己。让服务对象有一个坚定信心来面对今后的学习生活。

（六）第六次服务

（1）服务对象比以前更开朗，扩大了自己的交际圈，结识了其他热爱手工制作的社区人员，早上去买菜有时候会和邻居一起去。

（2）能和女儿相处融洽，打电话的次数比以前多，也了解到女儿一家的近况。

（3）服务对象去医院检查一次身体，没有太大身体问题，老伴现在也会分担一些简单的家务。

五、服务评估

（一）评估方法

社会工作者采用质性评估方法进行评估，通过观察与访谈的方式，结合专业督导的意见，了解服务对象在服务过程中的改变与成长，评估服务目标的达成情况及服务对象的满意度。

（二）评估内容

（1）服务对象基本上完成了以上的工作计划并达到了预期的目标，即服务对象已恢复正常的生活状态，和家人和睦相处，正确看待自己，找到自己在社区的定位。

（2）能够积极参加社会活动，很好地与社会上的人交流，融入周围的环境，重新找回生活的热情，以积极的心态对待生活。

（3）结束工作关系，总结服务对象的进步与不足，安抚好服务对象结案的情绪波动。社会工作者通过和服务对象、服务对象的家人的访谈，与服务对象共同总结。

（4）与女儿一家的关系得到缓和，在认真倾听了他们的心声之后，服务对象释然。服务对象与女儿解开误会，女儿承诺多给服务对象和服务对象老伴打电话问候。

六、总结与反思

在服务前期，社会工作机构与社会工作者要充分仔细了解服务对象具体情况，进行案例预估，社会工作者要运用真诚、接纳、同理心等专业价值素养与服务对象进行交流。社会工作者在对服务对象进行预估时要时刻保持专业敏感性，敏锐察觉服务对象语言背后的真实意图。社会工作者要与机构督导进行讨论，确定机构能为服务对象提供的服务内容，确定机构能提供服务过程中的资源需求。

作为一名社会工作者，在服务的过程中要不断进行专业反思。一是专业态度的反思。和服务对象建立了信任关系，对待服务对象真挚，社会工作者和服务对象相互配合，积极和服务对象接触，根据服务对象需求来制订计划和实施。二是专业角色的反思。在这过程中，社会工作者主要充当了倾听者、引导者、提供者、辅助者的角色，真诚对待服务对象。三是专业方法及技巧的反思。社会工作者在结案阶段对这一个案例进行反思，总结了个案计划和行动的成功与不足之处，社会工作者遵循社会工作的价值体系、伦理守则，但在运用社会工作的专业技巧方面还有所欠缺，个案开展经验不足。社会工作者充分利用社区资源，对服务对象所需资源进行链接，灵活运用社区资源，在个案服务时，通过多方面尽可能详细了解服务对象。

在开展老年社会工作个案服务时，社会工作机构与工作员既要有老年群体相关专业知识，又要认识到每个老年人是不一样的。社会工作者开展老年人服务的过程中，要了解和掌握老年人的生理健康状况、老人性格与心理状况，根据老年人的生理健康与心理需求开展符合实际的活动。

案例三　留守老人个案服务

一、案例背景

社会工作者在活动开展中发现服务对象 Y 的一些特殊情况，引起社会工作者关注，随着活动开展的深入，社会工作者决定将服务对象列为外展接触的个案服务对象之一。经过与服务对象的交流，社会工作者进行了入户探访，在探访中了解到以下信息。

服务对象右脚患有残疾，在社区上班，目前社区工作是家庭经济的主要来源。其丈夫常年在外不回家，儿子离异，在外工作，偶尔通过电话与家人沟通，与家人相处时间极少，关系疏远，亲情表现较为淡漠。家中缺乏主要劳动力，服务对象在生活方面面临很大的压力。服务对象父亲患有精神障碍，在乡下养病，与家人关系恶劣，特别是与服务对象关系极不融洽。服务对象与母亲以及两个孙女生活在一起，母亲年事已高，母亲在家陪同照顾孩子，主要以做家务为主。大孙女就读于县中学初一年级，小孙女就读小学二年级。大孙女与小孙女关系亲密，大孙女经常在学校带营养午餐回家与妹妹共享。家庭条件一般，房屋属于租赁房屋，每个月承担月租 500 元，居住条件偏差。家庭沟通少，误会偏多，亲情淡漠。

二、需求分析

（一）服务需求

根据观察服务对象及其家庭环境，通过与服务对象进行沟通，社会工作者利用马斯诺需求层次理论分析服务对象目前所展现出的主要问题与需求。

1. 生理需求

服务对象家庭收入仅靠服务对象工作为主要收入来源，收入低，父亲有精神障碍，需要以药物维持生活，两个孙女上学，家庭开支大，经济条件差，勉强维持生计，生理需求得不到满足。

2. 安全需要

因意外事件，服务对象右脚受伤，以致不能快走、跑步，行动上受到一定阻碍，健康未得到保障。

3. 社会需要

在亲情上，服务对象丈夫常年不在家中，儿子在外务工，父亲精神障碍，不是可靠劳动力，母亲年迈，劳动力弱，大孙女叛逆，经常与服务对象发生口角，家中沟通较少且沟通困难，亲情淡漠；在友情方面，服务对象因腿脚不便极少参加朋辈群体的娱乐活动，朋辈群体支持网络缺乏。

4. 尊重需要

服务对象因多年前意外导致右脚受伤所以情绪低落，十分悲观，常常容易发呆、走神。周围人对服务对象以冷眼、嘲讽相处，刺激服务对象心理，导致服务对象自卑。

5. 自我实现

因生理、生活、心理等原因，服务对象自我理想得不到实现，长期的情绪积压，导致服务对象不接受现实，情绪不稳定、易怒。

综上，社会工作者评估认为，需要对服务对象进行心理疏导；构建社会支持网络，链接朋辈群体资源，帮助服务对象融入朋辈群体，获得朋辈群体在情绪、心理、生活以及信息等方面的支持；在个人认知方面，需通过优势视角挖掘服务对象潜能，帮助服务对象正视自己，增强服务对象自信心；通过增强其家庭地位，帮助服务对象与子女、长辈、丈夫之间达到有效沟通。

（二）理论分析

社会支持是指由社区、社会网络和亲密伙伴所提供的感知的和实际的工具性和表达性支持。诸多社会支持构成了社会个体的社会支持网络，而社会支持网络又可以分为正式的社会支持网络和非正式的社会支持网络。这两类社会支持网络在社会个体的发展中必不可少，其能够为个体提供生存和发展所需的各种资源。当一个人的社会支持网络缺失的时候，会给他带来相应的心理困境及发展障碍。

1. 亲戚关系支持网络

服务对象的哥哥在胜利街小学当数学老师，与服务对象关系极好，在服务对象有困难时可以第一时间赶到；服务对象的丈夫有一个弟弟，在镇上居住，与服务对象关系一般，支持关系薄弱。

2. 社区支持网络

服务对象在所居住的社区上班，在出现困难时，可以得到社区网络的支持。

3. 朋辈群体支持网络

服务对象平时交友较少，但同事关系融洽，遇到困难时也可以向同事求救，可以获得朋辈群体的部分支持。

4. 政府支持网络

服务对象因右脚残疾，有国家残疾证，政府每年对其有补贴支持。

5. 邻里支持系统

与邻居关系一般，平时见面打招呼，没有过多来往。

（三）问题及潜能

问题：家庭沟通问题、心理危机干预问题以及社会支持网络建构问题。

潜能：服务对象想要提高自己各方面能力的自信心；服务对象在社区上班，有一定的人际交往行为能力；服务对象希望社会工作者可以教授她相应的沟通技巧，与家人重建良好关系。

三、服务计划

(一) 服务目标

1. 总目标

通过社会工作者对服务对象个案服务的开展，协助服务对象在家庭沟通问题、心理危机干预问题以及社会支持网络建构三大问题上有所改善。通过社会工作者的积极引导使服务对象提高自信心、提高人际交往行为能力、挖掘自我潜能，改变观念意识，走出困境。

2. 具体目标

(1) 在心理危机干预上，协助服务对象宣泄负面情绪，增强其自信心，修正自我认知，提高自我认同，改变服务对象生存姿态，降低负面生活经历对服务对象心理产生的消极影响，协助服务对象建立开放、包容和积极乐观的心态。运用叙事疗法与服务对象一起回忆生命重要事件，正确看待生活经历，对自己的负面情绪进行宣泄。

(2) 在家庭沟通问题上，与服务对象家人取得联系，通过专业沟通技巧引导服务对象与其家人进行有效沟通，帮助服务对象与家人消除芥蒂，重归于好。

(3) 在社会支持网络建构上，协助服务对象建构自身的社会支持网络，包括正式支持网络和非正式支持网络，调动及整合相关资源，帮助服务对象拓宽社会支持网络，形成稳定有效的资源。协助服务对象与社区居委会、社区医院等社会组织建立联系，并获取支持，为其建构正式社会支持网络；进一步加强服务对象与其近亲属的联系，通过户外活动和妇女互助小组帮助其结交更多的朋友，增强社区居民对其的认同和接纳，加强服务对象与邻居的来往，强化其非正式支持网络。

(4) 在人际交往上，帮助服务对象尝试新的沟通方式与生存姿态，主动与他人交流沟通，建立自信心，乐于结识新朋友，改善自卑心理。

(5) 在个人观念转变方面，社会工作者引导服务对象观察生活细节，通过"镜中我"帮助服务对象发现自己身上的问题，有意识地利用可利用资源改变自己，并引导服务对象对自己改变前后进行对比，通过 SWOT 分析法引导服务对象积极认识自己的优势和劣势，挖掘潜能，理性看待自身面临的发展机遇和挑战，建立正确的自我认知，积极看待问题，修正其消极认知，建立积极乐观心态。

(二) 服务内容

第一次服务：①社会工作者与服务对象进行直接会谈交流，和服务对象建立信任友好的关系，以便社会工作者进一步了解服务对象的基本情况。针对服务对象及其家属采取深入访谈及观察等方式，通过服务对象的分享直观地向服务对象了解家庭生活情况、家庭情感状况、社会支持情况等，在资料收集过程中秉持平等、尊重、接纳和非评判态度的服务理念获取服务对象的信任；②对服务对象信息进行初步需求评估。

第二次服务：①以接案表为访谈提纲，深入了解服务对象的情况，在全面了解服务对象的基础之上征得服务对象同意正式建立专业关系，签订个案服务协议；②就社会工作者拟定的服务对象需求与服务对象共同探讨需要做出改变的方面，遵循服务对象自决原则，以社会工作专业知识为引导与服务对象共同商定服务计划。将服务对象的需求按照需求强弱程度和解决难易程度进行优先排序，与服务对象共同协商，明确服务目标、介入理论、服务内容、服务手法及进度，分析在服务中需要利用的资源以及会遇到的问题进行澄清，引导服务对象发表自己的意见和建议，社会工作者不可牵着服务对象鼻子走。

第三次服务：开展叙事治疗，与服务对象回忆生活经历，鼓励其宣泄负面情绪，共同探讨情绪管理方法和技巧，利用 ABC 情绪理论引导服务对象管理情绪。社会工作者倾听服务对象叙述其生命故事，梳理故事脉络，帮助其找出遗漏的故事片段，然后对生命故事重新进行梳理，通过重新梳理找出影响服务对象心情的事件，通过对事件的重新诠释改变服务对象对待事件的心情。

第四次服务：协助构建社会支持网络，拓宽服务对象的社会交往范围，引导服务对象积极参与社会工作者策划开展的活动，努力分析和挖掘网络中有助于服务对象问题解决的资源。

第五次服务：运用理性情绪疗法修正服务对象的非理性认识，运用 SWOT 分析法使服务对象全面客观认识自我，引导服务对象积极认识自己的优势和劣势，挖掘潜能，理性看待自身面临的发展机遇和挑战，建立正确的自我认知，积极看待问题，修正其消极认知，建立积极乐观心态。

第六次服务：①与服务对象共同回顾所得，巩固服务对象在服务期间获得的自主能力及行为习惯，强化服务效果；②鼓励服务对象就以后生活中的问题提出自己的观点，肯定服务对象的积极改变，增强服务对象的自主能力；③个案工作结案，并对服务对象说明结案之后的安排，以便日后的跟进工作顺利开展。

后期跟踪服务：社会工作者在结案之后一个月，通过电话访问、家访、间接访问服务对象周围他人等方式对服务对象进行后期跟踪服务，对后期服务对象做得好的方面社会工作者对其予以鼓励，在做得欠妥的方面及时给予服务对象指导，并引导服务对象正确看待和处理所发生的事情。

四、服务过程

（一）第一次服务

社会工作者通过与服务对象取得联系，在服务对象的带领下进入服务对象家中。服务对象家租住在单元楼五楼，房屋面积小，两室一厅一厨一卫，墙上有灰体落下，家里陈设简单，客厅主要以沙发、茶几及其他杂物为主，空间狭小，东西紧凑；服务对象与孙女共用一间房间。

通过社会工作者与服务对象的访谈发现，服务对象其实本身是一个有自己态度、善解人意的人，虽在与他人相处中常处以讨好的生存姿态，但服务对象有自己的想法，服务对象因为对生活没有规划，所以经常小心收起自己的想法，而强迫自己认同别人的想法。服务对象有强烈的意愿改变现状，并愿意相信社会工作者。

在第一次入户探访过程中，服务对象对社会工作者已有大致了解，服务对象经常参与中城社区社工站的活动，建立起与社会工作者的初步信任关系。

（二）第二次服务

服务对象准时在社会工作者约定的时间到达社工站，开始从容进入主题，服务对象对社会工作者所问的问题也毫不避讳，显然社会工作者第一次访谈时与服务对象建立的信任关系非常牢固，从而也能看出服务对象改变的决心。根据最开始拟出的需求提纲，社会工作者与服务对象交流并制订了接下来的服务计划，服务对象在此过程中也表现为积极配合。

（三）第三次服务

社会工作者以入户探访的方式对服务对象进行叙事疗法，在服务过程中，服务对象就家里的一些情况和社会工作者讲起了自己的人生经历，社会工作者通过服务对象讲述的人生经历将服务对象的人生大致分为四个时段，并就这四个时段进行查漏补缺。在服务对象讲述过程中，在讲到某些地方时服务对象情绪变得有些激动，在社会工作者安抚的情况下，服务对象情绪平复。社会工作者运用同理心的工作方法，引导服务对象对情绪激动的地方进行了换角度的思考，改变了当时的认知，有了重新的认识。

紧接着社会工作者利用专业沟通技巧引导服务对象母亲、服务对象孙女与服务对象进行交谈，并就以前的误会进行了解释与疏导，双方打开心结。

（四）第四次服务

社会工作者在情绪疗法结束后观察发现服务对象和家人的关系有所改善，于是对服务对象进行社会支持网络建构，鼓励服务对象参加社会工作者开展的主题活动与妇女互助小组活动，以及参加社会工作者筹划的亲子活动等一系列活动，服务对象听取社会工作者建议，在不影响工作的情况下积极参与了社会工作者开展的活动，在此过程中，服务对象从被动交流到主动与人交流，在社交上有了很大的进步，也认识很多参加活动的朋辈群体。

（五）第五次服务

社会工作者利用理性情绪疗法与SWOT分析法引导服务对象对自身的优势和劣势进行列举，并对目前生活所面临的机遇和挑战进行分析，在过程中，服务对象积极配合社会工作者完成分析，会主动反思自己目前所面临的形势，并主动提出自己理想的改变途径。

（六）第六次服务

社会工作者感受到服务对象态度有了明显的改变，对处理自己的事情与他人的事情上，态度和能力有了明显的提高，是服务对象的自我能力得到提升的体现。

服务对象自我成长能力得到很大的提升，社会工作者评估服务对象在以后的生活中将会更加勇敢和自信。

五、服务评估

（一）评估方法

社会工作者采用质性评估方法进行评估，通过观察与访谈的方式，综合了解服务对象在服务过程中的改变与成长，评估服务目标的达成情况。

（二）评估内容

在第一次服务过程中，社会工作者通过家访的方式了解了服务对象的生活环境，并收集了全面和深层次的资料。通过会谈的方式与服务对象近距离接触，了解服务对象内心真实的感受。

在第二次服务过程中，社会工作者对服务对象的资料和问题进行整理、确认，签订服务协议，正式接案并与服务对象建立了专业关系，针对暂拟的服务需求及计划与服务对象共同协商，遵循服务对象自决原则，拟好服务计划。

在第三次服务过程中，根据服务对象实际情况为服务对象开展了叙事治疗，帮助服务对象宣泄了负面情绪，一起探讨情绪产生的原因和解决的方法，并成功引导服务对象与家人进行有效沟通，消除服务对象与家人之间的隔阂。

在第四次服务过程中，根据服务对象的实际情况，社会工作者有效地帮助服务对象强化了正式支持网络，同时也打开了非正式支持的渠道。

在第五次服务过程中，社会工作者通过对服务对象的理性情绪疗法，帮助服务对象扫清曾经的情绪阴霾，为服务对象塑造了积极乐观的心态，社会工作者与服务对象做好结案前的离别情绪处理准备。服务对象能有意识地完成制定的目标。

在第六次服务过程中，社会工作与服务对象共同梳理目标达成度，以及共同评估自己前后对比是否有改变。同时，社会工作者与服务对象共同约定以后生活中的一些小目标。社会工作者告知服务对象结案，并做好了离别情绪处理。

综合来看，本次服务完成了既定目标。通过社会工作对服务对象的个案服务，协助服务对象在家庭沟通问题、心理危机干预问题以及社会支持网络建构三大问题上有所改善。同时，通过社会工作者的积极引导使服务对象提高自信心、提高人际交往行为能力、挖掘自我潜能，改变错误的观念意识，走出困境。

六、总结与反思

社会工作者在与服务对象接触初期，了解到服务对象当时的生活较困难，身体患有残疾，为家庭付出自己的一生，获得的心理情感支持反而很少，家人看不到服务对象的付出。但社会工作者也看到服务对象在泥泞的生活中开出一朵灿烂的花，坚强勇敢地面对生活，积极参与社区活动。社会工作者在服务的过程中要改变问题视角来看问题，要以优势视角来看待服务对象的生活和服务对象面临的挑战，看到服务对象的潜力。

社会工作者在服务过程中要保持专业敏感性，进行专业反思。一是专业态度反思。社会工作者在服务过程中要热情并保持社会工作专业性，全身心投入在服务对象身上，以非批判的态度接纳服务对象，对服务对象态度温和，展现出自己善解人意、专业的一面。二是社会工作者角色反思。在这个过程中，社会工作者主要充当了倾听者和引导者的角色，用同理心去倾听、感知服务对象的内心世界并给予服务对象鼓励与引导。三是社会工作方法及技巧反思。在访谈过程中，社会工作者主要对服务对象表达专注与主动倾听技巧，以同理心去感知服务对象的真实内心世界，以观察服务对象细微情绪去了解服务对象，并给予服务对象鼓励和支持。

个案是一个循环的良性系统，环环相扣，其实并不是服务对象一个人的改变，而是周围所有人都有改变。社会工作机构与工作人员要将服务对象的改变置身于她的生态环境中，只有环境的良性和谐运转，才能实现服务对象生活状况的长久改变。在针对服务对象进行个案服务时，要与服务对象进行充分的沟通，确保服务目标的实现是由服务对象发挥着主动性的，只有服务对象希望改变，服务才能改变服务对象的现状。

案例四　社区长者自我效能提升服务

一、案例背景

LC 街道 A 社区位于城区中心，面积约 1.2 平方千米，东起 LF 路、WQ 路，北至 JX 大酒店，西至 LF 路 158 号、FX 大道北段。A 社区是一个城市社区，由 68 个院落组成，社区总户数 4 535 户，总人口约 13 338 人，其中 60 岁以上老人约 4 千人、80 岁以上的老年人 400 人，流动人口约 3 500 人，孤寡残困长者 32 人。社区老人众多，服务需求较广，低龄老人、中龄老人与高龄老人需求不一，社区老年协会契合社区老年服务需求成立发展。社区老年公益服务需求体现出迫切性和需求性。关注老人的晚年生活质量，增强老年协会服务能力，加强老年人同社会和社区的关系，有助于安定社区、营造和谐社区环境。

二、需求分析

（一）服务需求

社会工作者通过在社区中观察及调研发现，目前居住在辖区的老人大多退休并有退休工资，或者政府、子女支持，A 社区里大部分老人在物质生活方面较宽裕，但仍然有少部分困境老人存在，他们不仅存在生活困难，身缠疾病，身处社会底层，还对生活无望，普遍丧失价值感，心理出现极大危机。老人们除了有物质文化上的需求，也受到了其他方面的困扰。一是生理健康问题。老人常患糖尿病、高血压、心脏病、风湿等。二是情绪健康问题，部分老人由于身体健康原因，常年居家很少外出，缺乏与人分享交流的机会，亲友难以提供及时和有力的心理支持，老人们备感生活空虚，孤独寂寞，觉得生活没有意义，自己老了也只有等死一条路，怀疑自身价值的存在。社区人口老龄化让社区服务需求不仅变得急切，更变得多元化，同时对社区公益服务的种类要求也增多，社区老人需得到社区及社会更多的关怀。同时，A社区的居民自治需要众多居民的参与，社区致力于为困境老人提供公益服务，也可在此过程中鼓励更多的社区老人参与社区公益服务，让社区有这方面发展需求的老年人晚年价值得以实现。

（二）理论分析

1. 活动理论

活动理论针对社会撤离理论所提出的老年人因活动能力下降和生活中角色的丧失而愿意自动地脱离社会的观点认为：活动水平高的老年人比活动水平低的老年人更容易感到生活满意和更能够适应社会；老年人应该尽可能长久地保持中年人的生活方式以否定老年的存在，用新的角来取代因丧偶或退休而失去角色，从而把自身与社会的距离缩小到最低限度。活动理论对老年社会工作的意义在于，无论从医学和生物学的角度，还是从日常生活观察表明，"用进废退"基本是生物界的一个规律，活动理论提出的基本观点为大多数老年社会工作者所认可。因此，社会工作者不仅要在态度和价值取向上鼓励老年人积极参与他们力所能及的一切社会活动，而且更需要为老年人的社会参与提供更多的机会和条件。

2. 社会损害理论与社会重建理论

社会损害理论着重讨论的是，有时老年人一些正常的情绪反应会被他人视为病兆而做出过分的反应，从而对老人的自我认知带来损害。接受消极标志的老人随后会进入消极和依赖的地位，丧失原先的独立自主能力。现实生活中有太多的案例表明，对老年人的过分关心导致老年人认为自己无用的错误认知，从而对老年人的身心带来损害。这一理论对老年社会工作者具有深刻的启示意义，它至少告诉我们，有些所谓的老人问题大多是被标定的结果，也是老年人自己受消极暗示所产生的连锁反应。因此，在帮助老年人的过程中，不仅要切实地帮助老人解决实际问题，同时也需要协助老人增强信心和提升能力。社会重建理论，在改变老年人的生存客观环境及帮助老年人重拾自信心方面发挥积极作用，直观增强老人自我能力，同时依托社区日间照料中心及老年协会进行为老服务，推动社区"老有所为"社会氛围的形成。

三、服务计划

（一）服务目标

1. 总目标

项目通过开展持续性的、有计划的、成系列的长者小组活动、困境长者常规服务活动、老年传统文化服务活动、社区骨干长者能力建设等服务，提供各类公益服务，促进社区普通长者、困境长者生活的多样化，丰富长者们的精神生活。通过鼓励老人们参与社区治理活动，逐步增进长者自我效能感，赋予老人们生活的意义，看到自我存在的价值。

2. 具体目标

（1）了解长者的基本情况，关注不同长者的需求。

（2）开展长者兴趣小组，培养长者发现生活的美好，促进长者小组社会支持网络的巩固与拓展，推动长者小组后期实现自我服务。

（3）入户探访常规化，了解困境长者需求并及时跟进，满足一般长者的服务需求，增强其生活幸福感。

（4）向服务对象科普安全知识、健康知识，促进老人晚年生活能力得到提升。

（5）社区老年协会骨干成员的赋能培训，提升社区老年协会自我管理能力，促进老年协会成员的自我服务和提供多样化服务于社区长者。

（二）服务内容

1. 前期筹备

一是前期宣传。采用海报、网络宣传、定点宣传等形式进行项目宣传，同时在每一场活动开展前中后期都进行"线上＋线下"的宣传方式进行宣传。

二是资源整合。此项目服务开展期间可有效整合高校志愿者、积极居民骨干、老年协会骨干、医院等资源，对这些资源在活动开展时进行高效的整合与联系。

三是义工招募。在项目服务开展过程中，积极发展自己的志愿队伍，主要以社区居民为主要群体，成立专项服务队。同时建立志愿者服务网络体系，以便志愿队伍机动服务于服务开展的整个过程。

2. 中期阶段

一是开展长者小组。开展长者兴趣小组活动，如歌唱小组，发展骨干带头作用，充分激发各个组员潜能，丰富长者小组成员生活，实现自我服务。开展 10 次，隔周开展。

二是守护夕阳安康。社会工作者充分链接资源，为长者普及健康养生知识，以实际行动提升长者对自身健康的关注，如测量血压、开展讲座、公益坐诊等。开展 8 次，根据情况进行。

三是困境长者服务。由志愿者及社区居民骨干、老年协会骨干组成入户探访服务队，探访困境、高龄长者，了解需求，记录并组织跟进服务。开展 6 次，跟进每月进行 5 次，根据具体情况进行。

四是老年传统文化服务。丰富长者文化生活，在中国传统节日，如中秋节、国庆节、重阳节、元旦节等开展文化活动并协助老年协会开展文化活动。开展 6 次，根据情况进行。

五是老年骨干能力建设。以老年骨干为主要服务对象，组织开展团建、沙龙等活动，促进老年骨干之间的交流，提升其服务能力。开展 3 次，根据具体情况进行。

3. 终期阶段

一是整理资料，完成问卷整理及分析、存档。

二是结项评估。

四、服务过程

(一) 项目启动阶段，准备充足，项目开展前期进行充分的宣传

针对项目开展地区与项目服务人群，项目在开展前期进行充分的问题收集与老人的需求评估，了解到社区开展活动可能遇到以下困难：一是部分老人由于生理原因，不能按时参加项目活动；二是部分老人因为居住环境原因，离项目服务点较远，参加项目活动可能会有困难；三是疫情期间，不能保证所有的活动都能按时参加；四是老人们觉得活动没有吸引力，不愿意花时间参加项目活动等。同时也了解到社区老人主要有以下需求：一是社区老人晚年自我价值实现的需求，老人们希望老有所为的愿望；二是社区公益服务提供的需求，老人们希望老有所乐的愿望；三是社区老人们希望自我能力提升的需求，老人们希望有被需要的愿望。同时社会工作者在前期的服务开展过程中需要与社区沟通顺利，并进行线上线下沟通，确定服务，链接资源，对接志愿者，准备活动所需物资，为服务对象提供最优质服务。

(二) 项目执行阶段，服务于长者系列活动陆续开展，满足长者多元需求

1. 长者小组运行良好

长者小组发挥预期作用，组内活动的设计与开展充分激发每一个组员的潜能，丰富组内成员晚年生活，在后期实现了小组自我服务目的。长者小组组员相对固定，组内的骨干发挥带头作用，大家发挥各自所长服务于小组。如组长王老师带领小组成员以学唱红歌为主、骨干黄医生主导保健方面学习、项目专项志愿服务队带领老人做老年保健操和游戏等，小组氛围欢乐，组员之间凝聚力强。小组进行了两次及以上的团建活动，在社会工作者及志愿者的带领下游玩幸福田园，考虑到长者们的身体状况，志愿者一对一进行协助，促进彼此之间交流互动。社区高龄、空巢老人共聚老友小组，其乐融融，小组成员缔结深厚情感，实现晚年价值。

2. 守护夕阳安康服务

防疫常规，生命至上。社会工作者为长者们开展守护生命，关爱健康常规化服务，包

括测量体温、家庭消毒等服务。为提升社区老人生活幸福感，社会工作者链接了艾灸专家为社区老人开展了持续3天的艾灸健康服务，受益群体包括但不限于庆丰街庆丰苑的长者，累计服务60人次。通过艾灸服务，大家都感受到艾灸的好处，花无百日红，人有夕阳时。守护夕阳安康服务将持续为长者们提供艾灸治疗和健康知识普及，提升长者们晚年安康生活指数。除此之外，社会工作者链接了成都中医药医师为社区长者们进行系列专题讲座及公益义诊，为社区老人开展常规化的康养知识科普，致力于守护老人身体健康。项目还进行了安全伴老行的安全宣讲服务，包括出行安全、食品安全、用火用电安全、公共卫生安全等，在成都疫情期间，还为社区居民发放口罩、讲解防疫知识。

3. 入户关怀，"以老服老"

当长者小组活动开展结束后，提升组员自我效能感，并且巩固了他们的社会资本，使得他们更积极地关怀社区的困境老人、独居高龄老人。与此同时也提升了社区老年协会服务朋辈的能力，项目社会工作者积极和老年骨干沟通并推动老年骨干对辖区困境老人开展入户关怀服务，了解服务老人的需求，为其提供后续服务。除此之外，链接高校志愿者定期进行跟进服务。

4. 传统节日缔结晚年幸福感

结合中国传统文化节日，社会工作者积极和老年协会骨干沟通，协助老年协会的活动，并链接到老年志愿服务队协助活动进行场地布置和文化表演。庆双节时，万华大药房副经理程女士上台致辞祝长者们节日快乐并为部分居民送上重阳节礼品。此次活动分为文化表演和公益服务两个部分。在活动现场，A社区老年协会文艺骨干们和万华大药房合作品牌方为大家带来精彩纷呈的表演，除此之外，元旦节及重阳节均开展相关活动。

（三）活动与项目结束阶段，及时总结反馈，进行活动效果宣传

在项目活动开展过程中进行多方宣传，并且保证了每次信息的及时性和有效性，使得项目影响力得到大的提升。项目的每一个阶段都做好了宣传工作，通过机构微信公众号进行活动推文宣传，项目的每次活动都会提前三天发布海报及信息通知居民前来参与活动，活动结束后，也及时发布活动信息，并从新闻中得到及时的反馈，对下一次活动做评估和预热。

五、服务评估

（一）评估方法

社会工作者采用质性评估方法进行评估，通过观察与访谈的方式，了解社区长者在服务过程中的改变与成长、评估服务目标的达成情况及服务成效。

（二）评估内容

（1）完成活动次数并超量完成，服务余次1 000人以上。

（2）长者小组成员实现自身价值，通过小组活动的持续开展，不仅促进小组成员之间的交流也丰富了长者们的晚年生活。

（3）社区困境长者入户关怀活动，坚定地以实际行动为有需求的长者居民带去关怀，将爱与温暖传递给他们，为他们提供帮助、缓解情绪、解决困难。服务中发挥了老年骨干作用，实现以老服老，未来的日子里社区将帮助更多困难群体，加强与社区联系。

（4）守护夕阳安康服务，长者获得健康方面的知识和技能，其中一位老人通过服务，静脉曲张得到舒缓，几位长者也在家自行利用艾灸促进身体健康。长者的居家安全意识也逐渐提升。

（5）老年传统文化服务，长者们感受到节日的欢乐并丰富了日常生活，除此之外，老年骨干的策划及开展活动的能力得到提升。

六、总结与反思

在实施项目的过程中，一方面社会工作者立足于项目目标，整合资源，对接好社区工作人员，调研走访、评估需求、准备好物资，做好了充足的准备；另一方面项目基于长者需求开展，开展活动内容与主题符合，满足了社区长者的需求。同时，社会工作者积极同社区沟通和对接，及时汇报项目进展，对活动资料进行及时的传送，积极配合社区工作和安排。

项目前期受到疫情影响，大型聚众活动延迟开展。在此期间，项目组配合做好各项防疫政策，并做好全方位的准备，确保服务活动中的安全。项目中期，在实际服务过程中，由于缺乏志愿服务团队的参与，志愿资源不足，活动也因疫情避免聚众，不能全面展开，服务进展稍微延后。项目后期，项目团队积极招募志愿者，为开展服务活动打下了坚实基础。同时，加快推进项目，配合社区关于活动的安排，在活动过程中，做到了全面防疫，确保活动的安全性，完成了项目目标。

案例五　"三工联动"助力社区老年人互助服务项目

一、服务背景

基于养老问题的严峻趋势，《成都市老龄事业发展"十三五"规划》指出按照"党委领导、政府主导、社会参与、全民行动"的老龄工作方针，提出以实现"老有所养、老有所医、老有所为、老有所学、老有所乐"为目标，推进成都市老龄事业全面协调可持续发展。

经调查发现，社区中的老人大多为居家养老，子女上班导致老人缺乏照顾、存在一定的居家安全和心理隐患。社区虽然有日间照料中心，但是仅作为老年人打麻将的场所以及提供一些简单的集体生日会活动，不能满足老人多样化的养老服务需求。相对于化工路社区庞大的老年群体，社区的力量显得尤为薄弱。由此可见，开展专业的社会工作服务、构建社区老人的互助体系是应对老龄化的重要手段，探索转型时期的养老观念和模式、缓解当前的养老问题是社会组织和社会工作人员不可推卸的职责。

Y社会工作服务中心与HG社区保持密切的合作关系，中心与社区联合申报并成功立项Q区2018年社区营造项目"温馨HG·幸福如家"，双方基于社会工作服务、资源整合、志愿者服务均有一致的理念，这将有助于后期项目沟通和执行。此外，HG社区作为成都市示范社区，资源整合能力非常强，而社区工作人员中80%以上均考取了助理社会工作师及以上资格证书，对社会工作认可度高，这为"党工＋社工＋义工"联动开展互助老人服务奠定了非常坚实的基础。

二、需求分析

（一）服务需求

经调查发现项目落地社区没有搭建过互助养老体系，目前存在5个自组织，主要是一起参加社区的文娱活动，平时很少参加社区活动。社区中有11个党支部，但是党支部开展的活动主要是环境治理方面，很少参与到老年人服务活动中。在老人社会支持网络方面，大部分的老人只和朋友、亲人、邻居交往，与社区其他人员关系并不密切，老人很少会主动向邻居倾诉烦恼，以获得支持、理解和帮助，有的老人不会向别人诉说其难处。多数老人遇到困难时寻求的对象为社区、政府和亲戚，少部分老人会与爱心人士或朋友吐露心声，一些老人会选择自己承受。

部分社区老年人由于身体原因平时不常出门也很少与人交际，久而久之出现孤单、不合群、情绪低落、态度消极等心理问题。虽然遇到问题时部分老人能得到家人的全力支持，但从外界得到的支持较少，因此需要搭建老年人互助体系并丰富老人的社会支持系统。

（二）理论分析

1. 生态系统理论

城市社区互助养老的社会工作介入，以社区为生态系统，从目前的互助养老模式出发，探索其可参与的空间问题。互助型养老体系的建立，也是一种社会生态体系的应用，因为个人与环境的原因，养老问题并非单一的家庭所能解决，而是牵涉到全生态体系，朋辈群体、社区等支持体系对养老体系的影响更大。

在本项目中，社区作为一个生态系统，在互助养老方面发挥了重要作用。首先，社会工作者链接社区资源与社区工作人员合作，发展一支长期的志愿者队伍，并对志愿者进行培训；其次，社会工作者带领志愿者定期上门为老人服务；最后，通过开展"结对子"活动，为社区老人搭建沟通交流的平台，提升社区居民互助养老意识，使社区低龄老人帮助高龄老人，促进社区互助养老平台的搭建。在此过程中，社会工作者、社区、居民就构成了一个社会生态系统，互相联系，密不可分。

2. 增能理论

所谓增能，是指社会工作者帮助老年人认识到自身困境的形成原因以及自身所具备的潜能、优势和生产力，通过自身的努力来改变所处困境。在搭建互助养老平台中，为社区老人增能非常重要，由于子女外出务工或学习，老人独自居住，因而会感到孤独。因此，社会工作者要通过个案工作和小组工作的专业方法为老人增能，让老人充满信心，知道自己也可以被需要，招募老人加入助老志愿者服务队。在小组工作中，社会工作者为老人开展生命教育小组、"三防一预"小组，提升老人的自助能力，为培育老人的互助能力奠定基础。

三、服务计划

（一）服务目标

1. 总目标

Y机构建立老人互助平台的工作，大多来自机构的社会工作服务项目，所以在方案设计前，就对其主要的服务内容进行了计划，并根据社会工作者对其需求的调研和分析，确定了该计划的重点是组建助老义工服务队，建立互助养老平台。具体来说，是以社会工作者主导，党工协同，义工参与的助老志愿服务推动互助养老平台的建设。提供专业社会工作服务，培育社区助老义工服务队，搭建社区为老服务互助平台，建立老人互助长效机制，营造良好的互帮互助氛围。

2. 具体目标

（1）通过开展为期一年的服务，使90%以上的服务对象之间在日常生活中能相互照应。

（2）以个案、小组工作以及志愿服务的形式使80%以上的服务对象相互陪伴，提供义诊服务了解一些健康知识并达到身体与心灵的健康发展。

（3）以互助会的形式促进社区老人邻里之间相互沟通、交流与了解。使80%以上的社区老人的人际交往系统能得以扩张，增强其应对风险和困难的能力。

（4）以培育社区助老服务队的形式，使90%以上有意愿参与志愿服务活动的老人得到自我价值感的实现。

（二）过程计划

1. 前期阶段

主要由社会工作者负责，在项目前期，社会工作者通过调查分析，发现老人有扩大社会支持系统、自我实现的需求，以此制订服务计划，为老年人提供专业的社会工作服务，与老年人建立良好的伙伴关系。

2. 中期阶段

主要工作由党工负责，主要有组建助老志愿服务队、成立社区互助会两个内容。社会工作者链接社区党组织资源，与党组织沟通交流，招募社区内的党员志愿者，发挥党员志愿者的先进性，在社会工作主导、党工协同下，组建助老志愿者服务队，助老志愿者服务队成员由党工和义工共同组成；成立社区互助会，搭建社区互助体系。通过互助会，让老人自己决定老人服务的内容。在服务他人的过程中，实现老人自主、互助、互娱、互乐、增能。

3. 后期阶段

在助老志愿者服务队、社区互助会成立后，项目后期以提供"温暖到家"助老志愿服务为机制，为老人提供长期稳定的服务，以此巩固项目成果。同时对志愿者服务队开展专项培训，提升服务队成员的实务技能；提升党工、义工的助老服务能力，定期对其展开培训与外出交流学习。

四、服务过程

（一）社工：提供专业服务，动员社区居民

1. 开展个案工作

社会工作者在项目前期进行入户探访、院落走访活动，了解老人的身心情况、家庭情况、经济情况等，重点关注社区孤寡、独居、高龄和残疾老人，为有个案服务需求的老人开展专业个案服务，在个案服务中发挥社会工作者资源链接的角色，和服务对象一起解决困难。

2. 开展小组工作

以增能为理念开展专业小组服务，为居民搭建沟通交流的平台，促进居民之间的沟通交流。结合老年人缺乏生命教育、害怕死亡、防盗防骗防邪意识和能力不足、自我价值感低等现状开展如生命教育小组、"三防一预"小组、老年人缅怀治疗小组等，通过小组活动的开展，提升老年人的互助能力。

3. 开展社区工作

以社区活动室为平台，围绕"防骗、防盗、防邪，提升预防能力"开展社区小剧场，组织社区老人们编制剧本并进行演绎，活动以小品、短剧、快板等形式进行。"三防一预"能力提升社区剧场旨在提升老年人关于"防邪、防骗、防盗"的防范意识和预防能力，搭建交流互动、展示自我的平台。

（二）党工：成立社区互助会，开展互助活动

在党建引领下，社工与党工一起结合互助会的含义、互助会的大致内容、社区居民对互助会的期待、订立互助规则、互助会组织架构完善等开展茶话会，宣传互助会，让老人构建属于自己的互助会。

1. "夕阳互助兴趣小组"

以社区老年人的兴趣为主导、以特长为依托、以构建互助体系为导向，充分发挥老年

人的优势和兴趣。党工以优势视角看待社区的老人，通过活动实现老人互助、自娱自乐、实现老人自我价值、构建社会支持网络。

2."夕阳互助学堂"

挖掘社区的能人、辖区内的党员，尤其是老年人中的能人发挥兴趣所长、专业所长开展"夕阳互助学堂"，结合居民的需求，构建交流互助平台、实现老人自我价值、为老人增能、创造社区"老有所学"的氛围。

3."夕阳互助餐桌"

本部分包含"夕阳互助菜圃"和"夕阳互助餐桌"两个部分。项目社会工作者协助进行，从而发现老人的优势和肯定老人的价值，体现互助和分享的理念，重温和谐邻里关系，构建互助体系。

4."夕阳互助文艺演出"

充分发挥社区老人的文艺特长、发现老人的优势、为老人提供展示自我的平台。夕阳互助文艺演出节目均由社区居民自编自导，以"夕阳互助"为主要题材，以小品、朗诵、舞蹈等形式展示出社区老年人互帮互助的精神风貌。

5."夕阳互助小微公益"

小微公益项目评审人员由党员、社区工作人员、社区议事会成员组成并决定资助项目金额及类型。在此过程中，由社会工作者予以陪伴和支持，督导其完成小微基金项目的申请、由项目社会工作者指导互助会申请的小微公益项目执行及管理。通过"夕阳互助小微公益"，让老人自己决定老人服务的内容。通过服务他人，实现老人自主、互助、互娱、互乐、增能。

（三）义工：组建助老服务队，服务社区居民

1. 志愿者招募与组织

社会工作者通过在项目前期的动员工作以及发布招募通知、社区推荐、定点招募等方式招募党员志愿者、社区志愿者等，初步组建一支志愿者队伍，并在项目实施过程中，持续招募志愿者。

2. 助老志愿者团队建设

开展助老志愿者团队建设活动4场，通过社区助老志愿者服务队成立仪式、志愿者沙龙、志愿者答谢会、志愿者积分制度讨论会等形式服务完善组织架构，增强团队凝聚力。

3. 助老志愿者能力提升

开展10期助老志愿者培训。社会工作者对助老志愿服务队进行培育，培育内容涵盖：志愿者通识培训（如什么是志愿者，志愿者的权利和义务等）、志愿者应急救援和医疗常识培训、老年人危机排查培训、志愿服务技巧培训、志愿骨干培训等内容，提升助老志愿者助老综合志愿服务能力。

4. 链接辖区助老支持资源

链接辖区内的党支部、志愿者等资源，将其吸纳到社区助老志愿服务队伍。由"党工＋社工＋义工"联动共同开展"温暖到家"助老志愿服务，形成稳定长期的帮扶关系，通过入户探访收集老人信息、对老人进行简单的上门义诊（如测血压、心跳等）、健康知识宣传、陪伴聊天等让社区的老人在家就能享受志愿者的暖心服务。

五、服务评估

（一）服务对象受益

通过开展专业社会工作服务、夕阳互助会及社区助老志愿服务，搭建了社区居民沟通交流的平台，扩大了社会支持系统，丰富了社区居民的文化生活，同时也提升了社区居民的安全意识及自我保护意识。在项目实施过程中，发掘了部分热心社区事务的志愿者及社区能人，并邀请他们参与到社区建设中，达到自我实现及发挥余热的需求。通过项目实施开展，服务对象有几方面发生了改变：一是社区主人翁意识得到提升，更多地主动参与到社区服务中来；二是邻里关系得到缓和，通过搭建互助平台，居民之间的沟通交流得到了很大改善；三是党员及志愿者自我价值得到充分发挥，积极为社区建设建言献策；四是服务对象从受助者向助人者的转变；五是扩大了社区老人社会支持网络。

（二）服务整体达标情况

（1）在项目实施开展过程中，通过社区推荐、活动宣传招募、网上招募等方式，组建了一只由社区党员和志愿组成的助老志愿者服务队，并建立志愿者信息档案。

（2）开展社会工作专业个案服务和小组服务，发掘到社区里真正需要帮助的特殊服务对象，并运用专业的社会工作手法帮助其扩展社会支持系统。90％以上的社区老人在日常生活中相互照应。

（3）社会工作者以个案、小组工作以及志愿服务的形式促进社区 80％以上的老人相互陪伴，并且社会工作者链接资源提供义诊服务，促进社区老人健康知识得以扩展。

（4）通过开展老年人互助服务，如夕阳互助会、夕阳互助兴趣小组、夕阳互助餐桌、夕阳互助微公益等服务，在社区搭建了夕阳互助平台、成立了社区互助会，社区居民们互帮互助，营造出温馨和谐的社区氛围。项目在社区搭建互助平台，以多样化的互助会促进社区老人邻里之间相互沟通、交流与了解。使 80％以上的社区老人的人际交往系统能得以扩张，增强其应对风险和困难的能力。

（5）组织开展志愿培训及团队建设活动，提升了志愿者综合服务能力，加强了志愿者团队凝聚力。培育一支社区助老服务队伍，90％以上的老人愿意参与志愿服务活动并且自我价值得到实现。

六、总结与反思

结合 Y 机构的一项服务实践，对其需求进行了调研、分析，并给出了相应的解决方案，建立了一个社区互助养老平台，完善了社区互助养老模式。社会工作运用"社工＋党工＋义工"方式，在探索社区的互助养老中，以最大限度地挖掘其潜力，丰富其养老生活；其次，通过个案、小组工作、社区工作等方式，与党工共同组建社区互助组织，协助解决社区老人在社区中遇到的问题，提升他们的养老生活品质。社区互助养老模式的实施具有很强的必要性和可行性。社区互助养老是一种新型的社会养老服务方式，它能有效地减轻社区养老负担，改善老人的生存品质；同时，丰富的社区资源为老年人提供了更多的保障与支持，大多数社区老年人都非常认可这一养老方式。社工、党工、义工的共同作用，不但能够充分利用社区资源，还能通过与居民之间的沟通交流，扩大互助养老理念的宣传，促进互助养老平台的搭建。

（一）社工促进老年人互助体系建构

作为专业服务人员，社会工作者要不断学习，在从事助老服务时，结合本土和外来经验，形成合理合法，有针对性和可行性的服务思路。与此同时，定期参加机构培训、项目培训等，学习专业助老技巧，不断提升助老服务水平。社会工作者在实施开展过程中要运用多种专业手法，充分发挥资源链接的能力，将不同群体进行融合。在开展志愿者服务过程中，社会工作者充当支持者的角色，充分展现志愿者的自我价值，建立志愿者激励体系。与此同时，社会工作者要引导老年人中的党员群体去带动周围人参加，激发非党员群体参与活动的积极性，发挥社区内党员的先锋模范作用，搭建互助养老平台。

（二）党工促进老年人互助体系建构

加强党工、社工、义工的深度融合，通过志愿者团队建设活动，搭建"三工"沟通交流的平台；坚持党的领导，做好党建工作，将党支部嵌入机构，不断壮大与强化社区党建工作的支持网络。在党建引领下，党员发挥志愿服务精神，通过社区活动，积极主动参与，灵活为社区居民服务，为居民提供更好的服务。通过社会工作方法，让党员从通过社区通知参与活动到项目后期社区发布党员志愿服务积分制，党员积极以志愿者身份参与服务，经过项目的开展，结合社区的措施，提升党员们服务社区、服务居民的意识，以此培育党工的志愿服务精神。

（三）义工促进老年人互助体系建构

社会工作者要加强对志愿者服务队伍的培训与管理。最重要的是加强对志愿者助老服务知识技巧的培训，还要进行需求评估和方案规划，建立督导和奖励机制，及时表扬优秀的志愿者，给予其自我成长的机会。

第三部分　社区社会工作服务案例

案例一　社区志愿者队伍培育服务

一、案例背景

随着经济的快速发展和城市化进程的推进，作为城市基层社会结构主体的社区正在发生着深刻的变化。JJ 社区位于 YB 市 XZ 区柏溪街道，其中以 JJLC 小区为代表，小区的90％居民都是公租房、廉租房的受益群体，属于城市"边缘群体"。该社区居民年龄大多介于 40 岁到 70 岁之间，存在文化程度较低、文化观念淡薄、参与社区治理的意识微弱、积极性低、行动能力不足等难题。基层社会治理是国家治理的重要组成部分，是促进社会健康发展的重要课题，其方式的选择与运用关系到全面深化改革总目标的实现。共建共治共享的社会治理制度，是我党在长期探索中形成的，被实践证明是符合国情、符合民意、符合社会治理规律的重要制度。它是一项复杂的工程，更是一个漫长的过程，它需要政府的引导与规范，广大党员、居民和志愿者的积极参与。居民作为共建共治共享的重要参与主体，其参与能力深刻地影响着居民的参与意愿、参与途径及参与程度等。因此，社会工作者所在机构策划和实施了"同心·同行·同进步"社区志愿者队伍培育服务项目，旨在通过挖掘居民志愿者，培养志愿者参与能力，形成社区志愿者队伍并实现自管自治，进一步有效提升居民社区参与能力。

二、需求分析

（一）服务需求

共建共治共享的社会治理制度，需要广大社区居民的积极参与。JJ 社区作为保障性住房小区，存在一系列的治理难题，阻碍了基层工作的开展，影响了居民的幸福感。而 JJ 社区居民存在文化程度较低、文化观念淡薄、参与社区治理的意识微弱、参与积极性低、行动能力不足等难题。因此，有必要通过培育社区志愿者队伍以激发居民社区参与意识，提高其参与能力。

（二）理论分析

社区发展模式是指通过调动社区居民的参与、互助合作，再加上上级政府和外界机构组织的协助和支持，动员社区内外资源，解决社区问题，满足居民需求的一种工作模式。该模式强调的是居民的参与和合作沟通，注重居民在参与社区发展过程中个人能力、公共意识和社区归属感的培养，而不仅仅是社区物质环境的建设。项目团队在社区的支持下，充分利用社区原有的资源优势，挖掘社区党员、群众骨干、志愿者骨干等力量，孵化培育社区志愿者服务队，培养其成为提供社区服务的主力军，进一步提高社区居民参与社会治理的意识和积极性，让社区志愿服务队充分实现自管自治，成为基层社区工作不可缺少的力量。

三、服务计划

（一）服务目标

（1）通过招募社区志愿者，孵化一支不低于 30 人的志愿者骨干队伍。

（2）通过开展 5 次文化活动，直接服务人次不少于 150 人次，帮助提升社区居民的参与能力和生活幸福感。

（3）通过开展 5 次教育培训活动，直接服务人次不少于 150 人次，帮助增强社区骨干、党员干部的服务意识和服务能力。

（4）在项目后期梳理 1 套志愿者队伍建设管理体系。

（二）过程计划

社区志愿者队伍培育的首要难点在于激发社区居民的参与意识，因此，在服务前期，项目团队要与社区进行友好对接，在获得社区大力支持的同时，与社区居民建立信任的服务关系。并通过深入走访了解社区居民需求，从而开展吸引社区居民的活动，为培育社区志愿者队伍打好基础。

在服务中期，为加快社区治理的步伐，提升社区治理的水平，必须着眼于提升社区居民的参与能力，鼓励、引导社区居民参与社区治理。通过发布招募令，吸引社区居民广泛参与，孵化一支社区志愿者服务队伍。同时，一方面开展能力提升和教育培训活动，促进社区联合志愿服务队伍自管自治，不断加深社区与社区志愿服务队之间的友好合作关系，提升社区工作人员、社区志愿者的服务意识和工作能力；另一方面通过开展志愿服务活动，促进志愿者的有效实践，让社区志愿者服务队成为社区工作的好帮手，成为基层社区治理的重要力量。

在服务后期，梳理和总结社区志愿者队伍服务和运作经验，制定管理机制，优化管理模式，培养志愿者队伍的归属感和凝聚力，促进志愿者队伍的自管自治，实现可持续性发展。

四、服务过程

(一) 发挥聚人效应，寻觅骨干力量

项目落地后，项目团队进行了充分的需求调研，以社区的老年群体为服务对象，开展丰富多彩的文化活动和教育培训活动，以此回应老年群体们人际交往的需求。通过在叙州区柏溪街道金江社区开展"老党员讲党课，老有所为献余热"的活动，由老党员为社区老年人开展党员教育培训，鼓励社区老年人继续为党和国家发光发热，积极参与社区事务。从活动中发现了一批热心的、想要参与志愿服务的老年群体。

(二) 搭建班子成员，初具队伍雏形

项目团队对社区中的居民骨干、社区老党员等热心的老年群体进行动员和引导，将其培育成为本社区的志愿服务队伍。开展"同行者志愿服务队成立大会"，社工组织30名居民参与同行者志愿服务队伍成立大会，采取举手表决的方式确定1名队长和1名副队长。大会上由队长带领全体队员共同阅览《同行者志愿服务队内部管理制度》，明确队长、副队长以及队员的职责以及志愿者必须履行的权利和义务，确定服务队例会、学习、考勤、活动、奖惩等制度，最后由队长带领大家签署服务队内部管理制度并从即日起开始实施执行。在"缘"来是你，"益"起同行——志愿者服务能力提升小组"初相遇"活动中，志愿者与社工相互约定制作出一份"缘"来是你，"益"起同行——志愿者服务能力提升小组契约，营造了和谐的小组氛围，为后续的小组活动奠定了基础。

(三) 赋能业务培训，提升服务质量

为了帮助志愿者学习到摄影的知识和技巧，拓展自身的视野，提高志愿者工作效率，项目团队组织志愿者服务队开展"摄影培训活动"，社工邀请宜宾市新闻网资深记者、宜宾新闻网官方抖音运营负责人龙亿江为全体志愿者进行摄影教学，从7大摄影诀窍、8个用光攻略、11种构图法则进行详细讲解，并进行现场指导，与志愿者们分享摄影的心得。摄影培训活动具有较强的指导性和针对性，对今后志愿服务工作的开展具有重要意义。

(四) 建立管理机制，深化服务意识

在服务队伍自我运转的阶段，社工发现该社区的老年群体在参与活动时的个人动机有待提升，对于"活动的礼品有极大的偏向"的现象，营造出不良的社区风尚。项目团队根据志愿者群体的自身特点，召集同行者志愿服务队开展"志愿积分，爱心银行"同行者志愿服务队内部管理培训会，制定了《同行者志愿服务队时间银行操作手册》和《时间银行存折》。以志愿者为服务对象，将《同行者志愿服务队时间银行操作手册》作为实施的依据，将志愿者参与志愿活动/服务的时长作为志愿时间，将志愿时间汇入爱心账户，用时间银行的存折进行统计，实行1人1存折。培训进一步提升了志愿者对同行者志愿服务队的认同感，进一步规范、优化同行者志愿服务队的内部管理，促进同行者志愿者服务队的

自身发展，加快同行者服务队伍积极参与社区治理的步伐。

五、服务评估

（一）评估方法

本服务采用定性方法进行评估，一方面通过资料分析，对服务周期以来的"同心·同行·同进步"社区志愿者队伍培育服务项目资料进行成效评估；另一方面通过关键访谈，向部分参与项目的居民志愿者骨干收集服务目标达成程度和服务实施效果。

（二）评估内容

该项目成功孵化了一支 30 人的社区志愿队伍，即同行志愿者服务队。通过开展"志愿积分，爱心银行"同行者志愿服务队内部管理培训会，制定了《同行者志愿服务队时间银行操作手册》和《时间银行存折》。志愿者 1 人 1 折，折内设有姓名、年龄、个人照片、兴趣爱好、政治面貌、参与志愿服务的时间、主题、积分情况等，较为全面地还原"存折"的基本特点，同时志愿者可以根据存折内记录的志愿服务时长进行积分奖品兑换。截至目前，时间银行存折已经运营 4 个月，时间银行内共储蓄到 300 余小时，平均每人超过10 小时。

志愿队伍自管自治，凸显治理效果。同行志愿者服务队自成立以来开展多次志愿活动，由社会工作者组织同行志愿者服务队开展了"笔墨凝书香，春联进万家""巧手纳鞋垫，居民生活增趣味""小行动，大环保""香迎端午，恭贺佳节"等一系列主题活动，同行者志愿服务队伍以关爱本社区的老年群体和爱护本社区的环境两大方面，主动担责任，参与社区治理。

社会工作者积极发挥了专业优势，引导志愿者实现从辅助到主力的角色转换，让社区治理主体更加多元，社区治理成果更加可视，营造出居民自治、互帮互助的良好氛围。

六、总结与反思

在孵化社区志愿者服务队方面，社会工作者采取"志愿者为主，社工为辅"的全新服务模式，孵化志愿者服务队通过自管自治为社区居民提供多元化志愿服务，社会工作者积极发挥专业优势，通过邀请专家为社区志愿者队伍开展自治组织管理培训活动，不断引导志愿者实现从辅助到主力的角色转换，同时也激发了社区社会组织的活力，让社区治理主体更加多元，社区治理成果更加可视，营造出居民自治、互帮互助的良好氛围。

在志愿者管理机制方面，社会工作者可以继续深入推动"时间银行"管理机制的发展，不断完善"时间银行"的兑换规则，从而深入志愿者的服务意识。将志愿服务时长的积分兑换从物质奖励改变为精神文化层面的奖励，如达到一定时长的志愿者可凭时间银行存折记录的积分兑换一次红色基地一日游、主题党日活动名额、游园会或其他精神文化层面的活动。通过完善志愿者时间银行兑换机制，不断丰富社区志愿者的精神文化生活，促进其文化观念和文化素质的提升，同时也强化了社区志愿者的服务意识，提高社区志愿者参与社区志愿服务的积极性，实现资源的活跃与居民需求的满足双线并举。

案例二　老旧小区综合治理服务

一、案例背景

YB 市 XZ 区 TC 社区位于 BX 街道城乡接合部，基础设施建设较差。农民失地被迫转入该社区，导致该社区的人口流动量大。JX 小区和 LY 小区属于 TC 社区中的两个老旧小区，小区内无专门的物业单位进行管理，基础设施建设不够完善，环境卫生情况较差。且由于小区内的群体居住情况较为复杂，人口流动大，居民们之间关系逐渐冷漠化，参与社区活动的主动性和积极性低且对社区公共事务缺乏关心。

二、需求分析

（一）服务需求

项目团队通过实地观察、与社区两委成员和小区居民骨干沟通交流，整理汇总小区存在的主要问题有：

1. 小区环境较差，绿化覆盖低且无人管理

项目团队在小区中观察，发现小区内绿化面积较少，且无人管理，植被由于自然以及人为破坏的原因，覆盖率呈下降趋势，导致小区环境越来越差，居民对小区的满意度越来越低。

2. 非物业管理小区，居民对小区事物缺乏关心

由于老旧小区中人员构成情况复杂，居民缺失购买物业服务的意愿，因此小区中针对公共事务方面的管理较差，而居民没有正确的途径进行管理，所以对小区事物越来越缺乏关心。

3. 儿童课余生活单一，缺乏活动场所

项目团队经考察发现小区内儿童较多，由于小区缺乏供儿童活动的场所，儿童多数在家里看电视、上网，缺乏有伴的集体活动，这对儿童身心健康造成了不良影响。

4. 居民安全意识薄弱，小区存在安全隐患

由于是老旧小区，基础设施存在严重的破旧、老化，本身存在较大安全隐患，且项目团队在小区中发现存在较危险的"飞线问题"，究其原因，一是因为小区缺乏规范的电瓶车充电桩；二是由于居民自身安全意识薄弱。

（二）理论分析

地区发展模式是指调动社区居民的参与、互助合作，再加上上级政府和外界机构组织

的协助和支持，动员社区内外资源，解决社区问题，从而满足居民的需求的一种工作模式。该模式不仅注重社会工作者协助居民分析问题、发挥自主性的过程，还重视社区居民在此过程中的参与感。

项目团队在社区大力支持下，坚持以问题为导向，梳理小区居民的需求，重在挖掘儿童志愿者和居民骨干等力量，孵化培育小区自组织，鼓励、支持其参与小区事物，在改善小区的同时，进一步促进居民之间的交流，培养居民互相合作的精神，提高居民参与小区事物的意识和积极性，营造居民自治新风尚。

三、服务计划

（一）服务目标

（1）通过开展 8 次主题活动，预计服务 300 人次，社区居民的生活幸福感和文化素质有所提升。以活动的形式提升社区居民的参与感、获得感，实现居民生活层次化、多样化。

（2）通过开展 8 次社区议事会，预计服务 150 人次，以"社工＋社区代表＋居民骨干＋居民群众"的形式提升居民关心、参与、助力社区治理的活动积极性。

（3）组建 3 个社区社会组织，并引导其开展社区活动，实现小区居民自治，营造居民自己当家做主的氛围。

（二）服务内容

（1）优化小区环境，提升居民对小区的满意度，增强居民归属感。

（2）建立小区自组织，规范小区管理，促进居民自治。

（3）丰富儿童的课余生活，建设儿童安全适宜的活动场所。

（4）增强居民的安全意识，建设规范的电瓶车充电桩，减少小区安全隐患。

四、服务过程

项目前期，为精准定位项目落地小区的需求，在社区的支持下，分别在两个小区召开居民议事会，确定团队接下来的工作方向。项目团队在工作过程中，充分挖掘、发挥居民的潜能，培养居民互相合作的精神，增强居民参与社区事务的意识。

（一）JX 小区

1. "小鬼当家"议事会，梳理小区需求

以儿童为主要抓手，以议事会为主要方式，召开"小鬼当家"小区议事会，梳理出儿童视角下关于建设小区图书角、美化绿化区域、楼道卫生的打扫、更换小区路灯等 7 项需求，根据小区美化改造面临问题的难易度进行综合排序，最终确定了美化小区的具体行动步骤如下：①建设图书角；②美化绿植区域；③涂鸦井盖；④打扫楼道；⑤添置楼道路灯。

2. 小区"三味书屋",学习新空间

共商共建三味书屋。为深化儿童参与小区公共事务的讨论的意识,召开"儿童齐动脑,助力图书角"小区议事会,与儿童共商量,梳理出图书角建设的行动步骤、图书角的启动与运营、图书角管理与维护方式。之后项目团队通过与 TC 社区和小区业委会成员的沟通协商,确定以业委会闲置房间作为儿童图书角场地。

整合资源搜集书籍。项目团队本着"图书角,'童'参与"的精神和"取之于小区,用之于小区"的理念,开展"小小图书角,浓浓墨纸香"公益环保主题活动,采取积分兑换学习用具的方式,鼓励儿童将家中的废旧图书进行分享,共搜集兑换废旧图书 30 余册。TC 社区、CH 青少年服务中心累计捐书 120 余册,支持小区图书角的建设。

书屋管理落实责任。JX 小区"三味书屋"正式揭牌投入使用后,儿童的空余时间也丰富起来。为进一步深入践行"小鬼当家"逻辑原则,7 名儿童在此基础上自发成立"三味书屋"管理委员会,采取以"周"为单位,轮流值班管理书屋。从此,小区儿童在家门口有了自己的图书角,在成为受益儿童的同时也主动发挥了"我是社区好主人"的主人翁精神。

3. 汇聚"小鬼"力量,改善小区环境

"小鬼当家"之绿芽行动,优化小区的环境。召开"小鬼当家之美丽家园从绿化开始"小区议事会,确定了小区美化的重点区域、栽种花卉的品种,并选出 7 名花台责任人进行管理和维护。"我与种子共成长"绿芽行动以及"花卉维护"活动的开展,带领儿童将小区的 7 个花台和部分绿化区域种植花卉并进行维护,使老旧小区的生态环境更加洁净和舒适。通过儿童主动认领花台,自觉成为小区花台责任人,履行责任人义务,儿童的环保意识得以增强。

小分队共绘井盖,提升居民生活幸福感。召开"择图优境"议事会,与儿童一起筛选井盖涂鸦图样,经儿童的投票最终选取 10 幅图样以备后续的绘画井盖活动。开展"我是小小涂鸦师"井盖涂鸦活动,从带领儿童清扫到绘画完成小区内的 10 个井盖,不仅提升了居民的动手能力、美化小区环境,还增强了儿童争做小区好主人的想法。

4. 构建小区"新型"治理力量,实现居民自治

以儿童为抓手,发挥"小鬼"力量,建立儿童自组织。开展"绿芽行动"环保小分队成立会,建立一支由 15 名小区儿童组成的队伍,确定名字、公约以及队内制度,并以自愿原则选出 2 名小分队的队长进行管理。环保小分队的建立,旨在通过带领儿童关注小区环境,激发儿童的主人翁意识。

挖掘小区中的管理力量,协助备案,促进小区规范化管理。社会工作者经过了解,得知现业委会由于种种原因未能备案,因此社会工作者充分发挥引导者、支持者的角色,协助其完善备案相关资料并鼓励其到社区进行备案,在促进业委会规范化、专业化发展的同时,也促进其更好地管理小区,减少物业单位缺失的影响。

（二）LY 小区

1. 召开议事会，筛选小区需求

项目团队为切实了解居民的需求，开展以"社工＋社区代表＋居民骨干＋居民群众"为主要参与者的"居民事居民议"小区议事会，梳理出小区楼道标识不规范、消防通道被占用、小区宣传栏不齐全、电瓶车乱停乱放等 11 个问题，经可行性以及必要性进行分析，确定规范电瓶车充电问题是最重要的需求，并优先解决小区楼栋单元牌和小区公告栏缺失的问题。

2. 规范标识，精细小区治理

项目团队经过实际的测量，结合小区的情况，设计出适合小区的公告栏、楼栋牌和门牌号，并联合志愿者为小区 36 户居民张贴门牌号，使得小区标识牌焕然一新。在后续跟进中，社工发现居民将公告栏运用到实处，做到小区重大事情居民共晓，充分让 LY 小区的治理工作变得更加精细。

3. 成立自管委，实现自我管理

由于 LY 小区属于老旧小区，无物业以及业委会进行管理，对接小区工作时较困难，但项目团队在活动中有挖掘到 3 名居民骨干，协助团队工作。通过开展"民主共管，安居乐业"议事会，引导居民自荐、推选，最终将 3 名居民骨干发展成为小区自管委成员，管理小区中的事物。自管委的成立，有利于形成居民主动关心、共同协商、解决小区公共事务的小区自治良好氛围。

4. 建立充电桩，提升小区安全指数

项目团队从电瓶车充电难的问题入手，开展 3 次有关充电桩议事会，确定了居民对于安装电瓶车充电桩的需求及态度、召集社区代表、居民与充电桩公司代表就建立充电桩安装流程及细节问题进行商讨，再由社会工作者联合社区，整合社区居民意见发布《LY 小区安装电瓶车充电桩的通知》，动员居民骨干通过上门、电话等方式召集居民完成安装意见书上的签字，到最后小区自管委代表和充电桩公司共同签约，推动电瓶车充电桩在小区落地实施。在促进充电桩落地过程中，项目团队积极做好社区、充电桩公司与居民之间的衔接，充分发挥居民骨干的能动性，在减小小区安全隐患的同时，也利于形成共商共建共享的良好氛围。

五、服务评估

（一）评估方法

本服务采用观察法、访谈法、问卷调查等多种方式，将过程评估和结果评估相结合，多维度评估服务成效和居民参与程度。

（二）评估内容

1. 多种活动并举，培养居民归属感

开展多类主题活动和居民议事会，累计服务人数达 1 246 人。通过居民共同参与节日、环保和宣传等活动的方式，在丰富居民生活的同时，加强居民之间的联系，利于营造和谐的小区氛围。

2. 完善基础设施，提升生活幸福感

社会工作者联合自组织力量，通过建立"三味书屋"、美化环境、规范标识牌以及促进电瓶车充电桩落地，完善小区基础设施。在满足居民需求的同时，改善居民的居住环境，进而提升小区的质量。

3. 组建自治队伍，激发居民自治力

在活动中，项目团队积极挖掘小区居民骨干，组建 3 支小区自治队伍，并充分发挥居民骨干的能动性，引领其从参与到主导小区事物，以此实现居民自治，提升对小区的管理。

4. 线上线下宣传，增强项目影响力

项目采用多种方式进行推广，线上主要采用自媒体和传统媒体的方式，利用微信公众号、媒体报道和视频号进行推广，线下采取易拉宝、宣传单、报刊等方式进行宣传，实现线上线下双管齐下，增强项目影响力。

六、总结与反思

社工多方联动，整合社区内外资源，激活老旧小区活力。

（一）充分挖掘社区内在资源

一是以不同视角，共建美好家园。社区活动并不能指望所有居民都参与到社区工作之中，因此项目团队在 2 个小区中分别从儿童和居民的视角出发，找寻其对于小区建设的需求，以儿童为视角建设"三味书屋"、绿化小区环境、涂鸦井盖等；以居民需求规范小区标识、建立充电桩等。通过居民共参与、齐见证小区变化，激励、鼓舞小区居民积极投身小区事物中。

二是多方支持，获取建设力量。社工在活动中积极与社区人员和小区居民骨干对接，获取其支持，以期最大限度实现居民诉求。在吉祥公寓小区图书角建设中，社工与天池社区经过沟通，获得了天池社区捐赠的图书 100 余册，并在业委会的支持下，确定图书角的选址在业委会闲置的房间，最后汇聚社工、社区、业委会、居民四方力量，促进了吉祥公寓小区"三味书屋"建立。

三是整合骨干力量，实现居民自治。社工在开展活动过程中，积极寻找小区居民骨干，充分发挥其作用，在"居民事居民议"议事会上，社工引导居民骨干从参与—主导小区事物，增强其在小区事物中的参与性。后期社工将居民骨干们组建成 3 支居民民自治队伍，并规范其规章制度，以居民自治的方式，解决无物管的弊端，促进小区的发展。

（二）积极链接社区外在资源

为了进一步满足联运小区居民对电瓶车充电桩的需求，促进小区更加安全，社工充分发挥资源链接者的角色，链接到四川笃志科技有限公司，并通过搭建居民与充电桩公司之间的"桥梁"，助推电瓶车充电桩落地。

项目团队对联运小区的介入服务，以建立电动车充电桩为重要突破口，通过寻找、链接充电桩资源，多次与社区以及居民对接工作，促使充电桩落地联运小区。实施该项目的阶段性瓶颈在于项目团队需对接的工作烦琐，而老旧小区无物管或业委会可以直接对接相关工作，从而导致联运小区充电桩落地的效率低。

因此在实施过程中，项目团队采用两种方法，一是积极培育居民骨干，组建一支以服务小区事物为主的自管委，与其对接相关工作，并通过居民骨干向其他居民进行传达；二是项目团队发挥资源链接者的角色，召开"社区代表＋充电桩公司人员＋自管委＋社工"四方共参与的议事会，通过面对面洽谈，进而提升充电桩落地小区的效率。

案例三　社区自治组织民主协商议事能力提升服务

一、案例背景

A社会工作服务中心专注于城市社区发展，以"协力构建更具幸福感的社区"为使命，立足社区，通过参与式的方法培育社区社会资本，推动社区发展。由于社会结构的变迁和不稳定性，使人与人之间冷漠和疏离，A社会工作服务中心通过培育社区互助、促进社区文化、协力居民自治组织的发展，构建具有共同价值观、相互信任、守望相助、环境优美、安全稳定的社区。

SYT社区位于CD市JN区WKS街道，为贯彻落实"幸福美好十大工程"具体要求，打造全龄友好包容社区，探索特殊人群就业新路径，项目以区域化党建建设为背景，基于院落居民需求和自治组织发展状况，采用"党建引领＋流动茶摊＋社区提案"的"1＋1＋N"院落议事形式，打造轻松、有趣、贴近生活的民主协商议事平台。

项目初衷是在喝茶的同时引导院落自治组织与困难人群讨论院落就业帮扶及困难人群自我提升方式及方法，化解困难人群与院落居民的矛盾纠纷，提升其民主协商自治能力。同时，通过搭建的民主协商议事平台就困难人群就业问题收集居民提案，倡导居民提出社区公共议题并参与到问题的解决中来，从而达到"我主张、我参与、我推动"的广泛社区风气和效果。

项目核心是通过能力建设培训提升自治组织的民主协商议事能力，建立民意沟通渠道，搭建社区居民自我组织、管理的平台，让居民能够通过专业手段解决院落问题，改善邻里关系，营造辖区内的和谐氛围，协力构建更具幸福感的社区，探索创新院落议事形式。

活动地点主要位于 SYT 社区邻茶生活馆。邻茶生活馆是集便民服务、社区教育、社区美育、产业共创、资源共享五大核心功能于一体的社区公共空间，致力于解决社区产城分离、商居疏离、融合性不强、业态传统、文态缺乏核心竞争力等问题。通过消费、服务、文化三大场景营造，整合在地需求与特色文化，设立在地文化研究中心、驻留艺术家工作室、社区教育中心、茶文化制作体验工坊、慈善 & 义仓文化中心、共享厨房等，培育社区生活性服务业领域的新场景、新业态、新模式，营建体验消费、全龄、全时的社区新消费场景和多元参与的社区发展治理的新平台。包括品茶、聚会、手艺工作坊、制茶体验、艺术创作、居民活动、课后托管、兴趣拓展、素质提升、安全教育、体育培训、创意市集、生活夜市、参访交流等。

二、需求分析

(一) 服务需求

1. 社区自 (治) 组织制度较为健全，但在院落民主协商议事中作用未能得到较好发挥

老旧院落实现自治组织全覆盖，同时有 18 个备案在册的自组织。这些组织能够承担部分院落管理和公共服务工作，但能力参差不齐。自组织以互益型兴趣小组为主，公益型和功能型组织缺乏。绝大部分自治组织无法独立解决院落问题，迫切需要专业团队予以能力建设、专业技术方法等方面的支持。

2. 社区困难人群较少参与院落民主协商议事，与院落居民融合度不高

由于客观原因影响，社区困难人群日常生活较为单一，活动范围基本都在院落及附近，与院落居民关系较为疏离，基本不参与院落公共事务及民主协商议事。

3. 社区困难人群普遍家庭收入较低，其中部分居民就业意愿强烈

社区共有低保户 23 户，残障人士 182 人。社区边缘人群经济收入普遍不高，生活困难，其中部分困难居民愿意参与社区公共事务，希望可以自主谋生。

(二) 理论基础

1. 地区发展模式

地区发展模式是由美国学者杰克·罗斯曼根据社区发展以及社区建设的相关经验所提出的社区工作实务模式，其核心理念是强调参与，即通过调动社区居民的参与、互助合作，再加上上级政府和外界机构组织的协助和支持，动员社区内外资源，以解决社区问题、满足居民需求的一种工作模式。在该模式的指引下，需在社区治理中强调居民的参与，强调多元主体如社区、党员、居民、自组织、企业的互助合作，通过多方协作共同推动社区发展，并且促进其在参与过程中能力的提升。

2. 资产为本理论

资产为本的社区发展模式有三个主要特点：一是资产为本，强调由社区拥有的资产或优势出发介入社区，而不是由社区需求和问题来介入；二是内在取向，强调社区居民自身参与社区发展的能力；三是关系构建，强调居民和社区之间的接触，以及各种网络关系的建立。在服务过程中我们将运用资产为本理论开展指导性工作，社工将在项目中充分调动社区的资源，促使社区居民参与社区服务，构建社区服务平台，从而助力于社区居民，形成良性循环。为发挥社区资源，让社区长者更好地融入社区，体现自身价值，注重培育长者社团，旨在运用长者优势和资源服务于本社区。

三、服务计划

（一）服务目标

（1）提升社区自组织自治能力。开展 4 次"友邻学社"培训课程，培训至少 5 个社会自组织成员，提升社区自组织、自治组织对民主自治的认识程度，提高应对院落问题的能力，提升综合素养和知识水平。

（2）探索带有社区特色的居民民主协商议事实践方式。开展 6 次"流动茶摊"活动，形成 1 个"茶摊观察员"志愿者队伍，为"流动茶摊"持续开展提供服务，收集居民意见，并发动居民提出社区提案素材，为社会自组织参与社区民主自治实践搭建可持续建设的平台。

（3）开展社区部分困难居民就业帮扶服务。支持 2 个社区"微队伍"开展 2 个微项目，收集并形成社区提案，促进多元主体协商，促使更多的单位职工参与到具体问题的解决中来。

（4）撰写 1 个社区提案案例，梳理项目经验做法，探索创新民主协商提案机制。

（二）服务信息

（1）活动对象：SYT 社区居民骨干、党员、自组织成员。

（2）活动地点：SYT 社区邻茶生活馆。

（3）活动节数：10 节。

（4）活动时间：2021 年 12 月 9 日起。

（5）人手编配：4 名专业授课老师及 4 名社工及志愿者若干名。

（6）招募及宣传方式：邻里间小程序、邻茶生活馆公众号推文、A 社会服务中学公众号推文、成都日报景观新闻。

（三）过程计划

（1）项目前期——解决自组织（微队伍）民主协商议事能力不足的问题。

（2）项目中期——支持自组织（微队伍）解决困难人群融入院落及就业困难的问题。

（3）项目后期——巩固成果，形成案例。

四、服务过程

（一）服务前期

1. 社区宣传与动员

在社区党委指导下，召开居民动员大会，联合牵手两支"微队伍"，招募基层党组织、党员志愿者加入项目年度实施计划。同时，制作招募宣传材料并通过网络宣传和海报张贴，招募对项目感兴趣的居民和志愿者。

2. 召开项目启动会

召开项目启动会，邀请社区工作人员、党员志愿者、居民、商家等参加，开展项目宣传和重要计划发布，挖掘居民骨干和优秀党员代表。

3. 启动友邻学社培训

项目牵手两支"微队伍"和院落党支部，组建"流动茶摊观察员"志愿队伍，提升其民主协商议事能力。针对社区居民自治组织及"微队伍"，开展4次能力建设培训，形成专家顾问团，并以"微队伍"和院落党支部为主体组建"流动茶摊观察员"志愿队伍，提升社区自组织和自治组织专业能力，为后续工作奠定基础。

4. 启动流动茶摊活动

流动茶摊活动旨在增加自组织（微队伍）民主协商议事实战经验。支持"流动茶摊观察员"志愿队伍分散在各自院落开展流动茶摊活动2次，寻找居民关键人物，挖掘社区提案素材，促进院落特殊人群参与民主协商议事，收集、回应其想法、问题及需求。

（二）服务中期

1. 支持自组织（微队伍）开展流动茶摊活动

通过流动茶摊活动促进困难人群参与院落民主协商议事。继续开展流动茶摊活动4次，将其作为院落民主协商议事工作的一种方法。在了解和收集院落特殊人群的想法和需求后，运用开放空间会议技术，引导自治组织和院落居民探索问题的可行解决方案和落实分工。

2. 开展社区提案优化会

开展社区提案优化会2次，组织党员、自组织成员、社区居民、志愿者等参与到社区提案方案优化中来，筛选前期收集的素材，选出可执行、可持续的社区提案并进行优化。

3. 支持自治组织开展微项目

针对优化过的社区提案方案，分别支持 ZXQ 夕阳红志愿服务队"微队伍"开展"扶困助能"微项目，支持"邮"求必应"微队伍"开展"小i厨房"微项目，切实落实就业问题的解决，促进困难人群更好地融入院落。

"扶困助能"微项目帮助院落困难人群参加就业或技能培训，"微队伍"就选出的社区提案形成方案并切实执行，ZXQ 夕阳红志愿服务队一直在社区开展义务活动，能够提供一定的技能培训和技术支持。并在项目结束后，持续帮助院落困难人群进行技能提升及自我认知的改变，帮助其找到就业方向并提供持续的就业政策帮扶。

"小i厨房"微项目旨在通过食物工坊的形式连接社区居民及困难人群，在轻松愉快的氛围中一起制作、分享食物，拉近彼此的距离，使院落居民与困难人群更加了解彼此，帮助重新建构其困难人群的社交圈，输入健康的社会关系。"邮"求必应"微队伍"已在院落内自发地组织居民开展固定时段的聚餐活动，对改善邻里关系有很大的促进作用。在项目结束后，困难人群可以借此自然地融入院落及社区生活中来。

（三）服务后期

1. 专家顾问团进行常态督导与支持

专家顾问团按照工作支持计划，定期对自组织、自治组织提供面对面或线上督导服务，支持自组织开展工作，解决相关问题。

2. 开展"微队伍"案例梳理，总结"1＋1＋N"院落议事工作法的作用机制

邀请专家对项目执行过程和经验进行总结梳理，形成"微队伍"社区提案案例和"1＋1＋N"院落议事工作法。

3. 召开项目总结大会

与社区、居民骨干及项目利益相关方共同召开项目总结大会，总结项目目标达成情况，对项目进行反思和分析，提出工作开展中的不足之处，等等，为下一年度的工作计划做准备。

五、服务评估

（一）评估方法

本案例采用定性方法进行成效评估，通过对服务过程中的资料进行分析，评估社会工作者在服务开展的不同时期对SYT社区自治组织民主协商议事能力的培育成效。通过对SYT社区居民骨干、党员、自组织成员、参与居民进行访谈，收集服务目标达成程度和服务实施效果。

（二）评估结论

（1）创新了社区民主协商议事工作方法，以更加贴近生活、有温度的方式陪伴自组织成长，协力居民骨干有效解决面临的困境和问题。

（2）整合内外部资源，结合区域化党建建设，立足社区实际，通过专业力量的协助，促进自治组织与居民的充分协商、充分讨论，让工作方法从社区生长出来，形成源于社区文化的特色社区提案模式。

（3）依托"党建引领"，发挥区域化党建作用，促进基层党组织与居民自治组织的整合，发挥社区优秀党员的先锋模范作用。

（4）依托"流动茶摊"，搭建居民民主自治实践平台，社工、专家、专业志愿者与自

治组织共同就特殊人群就业等院落问题、矛盾进行讨论，协商解决。

（5）依托友邻学社，搭建居民民主自治能力提升平台，针对社区自组织、自治组织开展知识、态度、能力等方面课程培训，提升综合素养和知识水平。

（6）通过社区提案，搭建民主自治沟通平台，以提案收集、民主议事等形式，协力社区自组织和自治组织缓解邻里矛盾，推动院落治理。

六、总结与反思

（一）总结

本项目推进过程中坚持协商于民、协商为民工作理念，积极推进"多方参与、协商共治"的社区居民协商自治模式，使 SYT 社区又增添了一项居民建言献策、参与社区治理、小区管理的渠道，居民们敞开心扉，"议"出了自己的"心声"，也"议"出了党和政府要着力解决的"民生"。同时，项目也需要考虑到社区硬件、相关政策等各项客观因素，有序引导居民在社区公共事务中依法自我管理、自我服务、自我监督，使社区居民协商议事不断向制度化、规范化、程序化发展，以促进党群、干群关系更密切，社会更加和谐稳定。

（二）反思

1. 提升骨干力量，促进组织优化，把握转化契机

想实现文体娱乐类的社区自组织发挥自身优势提供社区志愿服务，需要一定的培育过程才会显现，而且必须具备一定的组织管理能力之后，才会更愿意参与社区服务。在培育过程中，还需要注意与社区企业或社会组织等相关资源方的互动和联结，因为自娱自乐的自组织对于内部事务的关注，会影响寻找资源的主动性。

2. 搭建共创空间，培育社区组织，参与社区事务

随着社工专业服务的不断深入，BDX 艺术团的不断发展，社工发现社区自组织能够承担的社区事务还有很多，所以需要在活动中积极挖掘社区能人，推动社区骨干参与社区事务，培育更多不同服务方向的社区自组织，从而发挥社区居民参与社区事务的主体性作用。

3. 小区治理的过程，核心是居民的自我参与

一方面需要明晰参与者的角色，另一方面则需要关注参与者之间的联系。有效的组织是社会互动的关键，要妥善化解矛盾，需要把"整治"转变成"服务"，把"个人困扰"转化为"公共问题"，由大家协商解决，群策群力。居民协商议事充分调动了居民参与自治的积极性，搭建了居民与社区之间联系的桥梁和纽带，让辖区居民真正成为建设美丽家园、创造美好生活的主导者、参与者、共享者。

案例四　"微更新"促"新认同"：社区营造服务

一、案例背景

WW社区共1 368户，人口4 084人，18岁以上的有3 530人，70岁以上有550人，在外务工2 684人。社区面积3.75平方千米，共有8个居民小组，2个集中居住点（WW小区、移民点），安置人口1 819人，其中移民点共15户63人；社区有8个党小组，下设4个党支部，共有党员135人，平均年龄56岁。村内超过50%以上的年轻居民外出务工，社区青壮年大多在外地上学或工作。社区物理空间发生了较大变化，人居环境在硬件方面有了较大改善，但居民的意识、理念、文化适应较为缓慢，二者发展节奏不一致，导致社区出现了以环境为代表的一系列待优化生活场景的发展议题。社区空间的微更新蕴含着丰富的社区营造价值，是社区营造的重要途径。

二、需求分析

（一）问题表现及需求

2021年5月，JD社工团队3人根据对村两委干部和居民代表进行访谈和基线调研，以及网络数据资料的查找发现，社区散居院落和集中安置区均存在以下问题：

一是居民资源与需求挖掘不足，社区在地资源有待进一步发掘。

二是社区公共环境卫生问题较为明显。该社区作为涉农社区，既有农村生活的影子，也有新型城市社区的配套，农转非居民面对生活环境的巨大改变，其生产生活方式还在调整过程中。

三是环境问题远比成熟的城市社区更为严重。社区内存在利用院落空间开展自主种植出现无规划、不美观的情况，多个公共空间缺乏居民的参与维护，原有的装饰内容已出现老化的情况。

四是社区中的安置小区内缺乏示范引领的院落，居民缺乏学习的标杆。

（二）社区资源及优势

在分析社区需求的同时，社工通过文献资料查询及社区走访，对社区的资源及优势进行了分析：

一是社区治理具有一定基础，部分居民参与积极性较高。该社区在以往的社区营造服务的过程中动员并维系了部分居民骨干，可以作为本项目的人力资源之一。

二是中青年及学龄青少年有参与社区事务的意愿。中青年及青少年作为家庭的骨干和核心，对家庭的影响及社区身边的影响力较大，可以作为本项目的潜在可挖掘资源。

三、服务计划

（一）服务目标

以最美院子导入新乡村文化解决公共环境问题。

（1）通过走访、亲子活动及环保培育等方式招募及培育一支不少于 10 个家庭的核心的具有绿色理念的环保志愿者队伍。

（2）整合社区内外资源、形成绿色生活实践场域及资源。

（3）搭建最美院落、环保最美家庭评选机制，推动居民志愿者共建至少 2 个最美院落及优化 2 个公共空间。

（二）过程计划

（1）以"社区共享菜园"有机优化打造社区环保一景，为居民骨干解决困扰，找到项目服务支点。

（2）以"绿色生活文化长廊"共创参与式营造绿色教育一廊，为社区导入可持续生活的文化，打造可视化场景。

（3）以社区"最美家庭及院落"评选树立社区人居环境改善标杆，为居民提供可进入、可观摩、可复制的美好人居环境样板。

（4）探索社区人居环境持续改善的人力资源、服务制度、营造模式，以绿色生活场景营造解决公共环境问题。

四、服务过程

（一）借力增力，做好居民动员

开展项目启动仪式，就项目理念、项目思路和内容向居民进行宣导，提升项目知晓率。依托原社区培育的居民骨干孵化的及自组织召开的座谈会，开展项目动员，借力增力，形成了一支由党员、低龄老人、中青年志愿者、社区工作人员等组成的 15 人左右的绿色生活场景营建队伍，夯实了项目基础。为进一步倡导绿色场景生活理念，强化社区家庭环保意识，推动资源可持续化利用，JD 社会工作服务中心根据"绿色生活场景营造项目"的生态菜园建设要求，广泛发动社区居民参与，成功招募到 20 户亲子家庭参加"亲育园"农场改造活动。

（二）资源整合，增强服务支持

项目链接 WW 社区"农耕志愿服务队"、HS 镇龙虾基地等，激活本土人力、物力、组织资源，链接"RH 场妈妈环保讲师队"，链接成都著名农业与生物、美学教育、艺术等相关方面专家，导入外部专家资源，达成合作共识，以绿色生活场景营造为纽带搭建多元主体参与平台，增强项目的服务支持力。

（三）环境更新，营造场景氛围

通过和社区沟通，确定把日间照料中心和共享菜园中间空地打造及改造为亲子农耕基地亲育园。通过主题农耕、农育活动加强社区居民绿色生活场景的概念，生态菜园的改造让社区年轻人和学龄儿童积极参与到项目中来，让项目的受众人群变大。通过绿色文化长廊的共建、主题农钓、农耕活动让社区居民在活动中直观地去理解什么是绿色生活的场景营造方式。公共美育空间初步形成，营造了家庭与公共区域的绿色场景氛围。

（四）骨干赋能，激发内生动力

引进第三方垃圾美育专家，通过培训及指导为居民骨干赋能，带领居民骨干以绿色生态的方式进行最美院子的设计并落地完成，打造可视化院落美育；过程中导入就地减量垃圾分类知识循环普及宣传工作，提升居民对可回收垃圾如何美育、厨余垃圾制作酵素、堆肥等减量知识的掌握，从而提升家庭垃圾就地减量；建立志愿服务激励机制，自主投入意识逐步提升，同时在事务参与及讨论方面出现了一定的公共性，激发了骨干的内生动力。

（五）服务延伸，拓展营造范围

开展"最美家庭"打造活动，实施私域空间改造及美化活动，营造居民生活情境中的绿色场景。在此基础上延伸服务，拓展营造范围，美化空间由私域拓展至公域，开展"最美院落"的打造及评选，更大范围内提升居民对社区发展乡旅新文化的认同度。"最美家庭"充分发挥示范带头作用，以自身文明家风影响更多的家庭，带动更多家庭积极参与，一起努力，家家行动，让社区环境更加宜居，"最美院落"塑造典型，发挥方向指引作用。

五、服务评估

（一）评估方法

本服务采用定性定量相结合的评估方法，采用问卷、观察、访谈形式获取评估资料，详细了解服务实施过程中出现的问题，并充分获取关键服务对象的意见，进而评估服务成效。

（二）评估内容

一是培育了社区营造队伍。依托原社区培育的居民骨干孵化的及自组织召开的座谈会，开展项目动员，借力增力，形成了一支由党员、低龄老人、中青年志愿者、社区工作人员等组成的15人左右的绿色生活场景营建队伍，夯实了项目基础。二是链接了多方支持资源。一方面充分激活本土资源，另一方面导入外部专家资源，达成合作共识，以绿色生活场景营造为纽带搭建多元主体参与平台，增强项目的服务支持力。三是打造了公共美育空间。通过开展联席会议和主题活动，引导、鼓励居民表达自己对于社区绿色生活场景营造方面的诉求，经过多次协商，确定了把日间照料中心和共享菜园中间空地打造及改造为亲子农耕基地亲育园。四是激发了骨干的内生动力。通过引进专家、开展培训，为居民骨干赋能，带领居民骨干以绿色生态的方式进行最美院子的设计并落地完成，打造了可视化院落美育，提升了社区骨干的能力和积极性。五是拓展了社区营造范围。项目营造了可持续绿色生活场景间，搭建吸纳、共享资源的社区营造平台，激发居民参与社区建设的积极性，通过生活空间的"微更新"促进了社区的"新认同"。总之，该项目实现了既定目标，社区绿色生活场景营造为居民的实质性参与提供了平台，同时，社区微更新也潜藏着丰富的基层治理资源。

六、总结与反思

（一）经验总结

1. 长效服务需以制度为保障

在项目服务中发现，队伍积分激励制度是社区居民参加活动的重要驱动力，完善使用队伍积分制度是社区建设不可或缺的。由此反映出服务的长效开展需探索相应的制度措施，促进服务开展制度化、常规化。

2. 社区营造居民是核心力量

项目以居民为主导，实现社区骨干环境，社区院落的打造。在服务中发现需要着重提高社区居民的参与感和成就感，适当给居民重要的活动任务，了解居民的意见和建议，给予优秀的活动参与对象肯定和奖励。而在社区治理过程中，需要明确社区治理的主体是社区居民，调动社区居民参与到社区治理中，让社区居民成为社区治理的主体，担负起社区治理的责任。社会工作者在其中扮演好鼓励者、引导者和协调者的角色，培育社区骨干，赋能志愿者，引导居民关心和参与社区自治，最终实现以社区内资源解决社区内问题，达到社区问题社区解决的目的。

3. 树立可视化标杆有助于服务拓展

项目着重打造社区最美院落、最美家庭，以榜样带动居民参与。在居民意识、理念相对滞后的情境中，可视化标杆可具体、快速地传达服务理念和服务目的，有助于居民的理解和参与。

（二）成效反思

一方面，对多处社区公共场景进行了全面化的翻新和处理，进一步提升了社区绿化建设和美观程度。并以此推动项目的社区知晓度和社区居民认可度，调动了社区居民参与积极性。同时存在参与居民主要集中在中老人，年轻人参加活动次数少的问题。另一方面，将社区建设与环保建设相融合，在推动社区建设的同时也推动了居民环保意识的养成。更多的居民在生活生产中注重环境保护和资源利用。酵素等环保资源的推广和使用使得厨余生活垃圾有了较好的处理方案，同时建立了酵素学习分享群，将酵素的使用推广到更多的社区居民家中。但本土环保师资队伍尚未建立起来，需要持续发力。

案例五　"一站五室"社会工作服务站建设服务

一、案例背景

随着社会的快速发展，我国社会治理框架内多了一个新机构——社会工作服务站。社会工作服务站简称"社工站"，是依据国家相关法律法规和政府工作要求所建立的一个新型社会组织。社工站承担政府下移到社区的管理服务职能，面向社区居民提供"工作站"服务，作为组织发展是"始发站"的"站"，作为站点是"枢纽站"的"站"。

Z街道位于Y市金沙江南岸，地理位置处于城乡结合地带，辖12个社区、18个村，社区类型较为多元和复杂，辖区经济以商业中心、旅游、农副产品推广等多元经济发展。多元的经济产业发展使得辖区内人员构成复杂、思想活跃、服务需求多样化，给社区治理带来难题。要破解社区治理和服务难题，实现从传统社区管理走向现代社区治理转型，亟须搭建起真正意义上的专业性较强的服务阵地，这也催生了该地区借助区级"2021年社会工作服务试点示范项目"落地Z街道施行建站试点，以Z街道为中心打造社会工作服务站，以LY社区、WX社区、YX社区、LC社区、MH社区作为社工室，率先铺开建站建室示范点。

二、需求分析

（一）孵化社会组织

目前Z街道已有民政部门登记注册的社会组织较少，其中社会服务类社会工作机构更是占比极低，而Z街道近年来在基层社会治理方面缺乏社会组织工作视角，亟须第三方社会力量的介入，分担基层社会治理工作，因此孵化一批Z街道本土社会组织成为接下来的工作重点。

（二）培育社会工作专业人才

Z街道目前已有持证社会工作者20余名，主要构成为辖区内各社区工作人员，社会组织中的专业社会工作人才匮乏，在开展工作中缺少专业的社会工作方法和理论做支撑，无法将服务直击社区居民的痛点。因此培育社会组织专业社会工作人才、加强现有社会工作人才知识理论学习也极为重要。

（三）就业帮扶、助残救孤

LY社区辖区内公租房、廉租房数量多，居民构成中就业困难人员、残疾人人员、孤寡人员占比较大，因此以"社区＋社会工作者＋志愿者"的介入方式，切实帮助社区失业、就业困难人员，采用心理疏导、资源链接等工作手法开展关爱残疾人、孤寡人士的志愿服务。

（四）扶老助老

LC 社区辖区的老年人有生活补助帮助、心理健康、自我实现、丰富文化等不同需求，因此采用"志愿队＋社会工作者"、培育志愿队伍、社会工作者引导、社区支持的方式对辖区内居民提供上门服务、文艺活动、亲子集体工作坊等服务。

（五）儿童关爱

YX 社区、WX 社区辖区内残疾儿童、留守儿童、流动儿童各类问题突出，因此采用"志愿队＋社会工作者"、培育儿童志愿服务队伍、社会工作者带领、以小组工作和群体服务的形式，整合辖区内社会资源提供课业辅导、心理疏导、德育教育、兴趣挖掘、公益体验等服务，提升儿童参与社区服务的意识及综合素质。

（六）居民素质提升

MH 社区辖区内居民存在文化活动及宣传教育部分缺失的问题，因此需通过收集居民文化需求，找准文化活动切入点，采用"社区自组织＋社会工作者＋社区"的方式，培育3 支社区自组织，组织开展特色文化教育、宣传活动，丰富居民文化生活，提升居民文化素养。

三、服务计划

（一）服务目标

1. 街道社工站服务

（1）协助街道做好社工站室内、室外氛围打造。

（2）完善社会组织、社区自组织孵化及备案制度。

（3）孵化登记注册社会组织1 个。

（4）组织开展社会工作人才培训2 期，参与人数达24 人，有 2 人通过2021 年社会工作职业水平测试。

（5）组建志愿者骨干队伍一支（不少于30 人），发布志愿者志愿服务项目5 个，开展有效服务时长360 个小时。

（6）建立 Z 街道社会工作线上宣传公众平台。

2. 社区社工室服务

（1）LY 社区

①协助社区做好社工室室内、室外氛围营造。

②有效运营社区慈善超市。

③组织开展不低于2 场的职业技能培训（如厨师、电工、家政等）。

④提供就业资源链接服务，解决不低于1 人的就业问题。

⑤组织开展特殊人群心理辅导不低于2 次。

⑥组织开展残疾人就业培训不低于 1 次。

⑦平均每季度组织开展 1 次助残救孤类活动。

⑧链接就业资源，协助不低于 3 名残疾人解决就业问题。

（2）LC 社区

①协助社区做好社工室室内、室外氛围营造。

②组织开展不低于 2 场的特色文艺活动。

③每季度组织开展不低于 2 次的独居老人上门服务活动，服务 10 人次。

④每半年组织开展 1 次以上的集体亲情及游戏类活动。

⑤培养老年人志愿者骨干不低于 30 人。

（3）YX 社区、WX 社区

①协助 YX 社区、WX 社区社工室室内、室外氛围营造。

②每半年组织开展 1 场以上特色儿童活动（如读书会、职业体验、志愿服务体验等）。

③组建儿童兴趣课堂，每季度组织开展 1～2 场儿童兴趣课（如钢琴、古筝、美术、口才、乐高等）。

④成立儿童类志愿者服务队不低于 1 支。

（4）MH 社区、WX 社区

①协助社区社工室室内室外氛围营造。

②调研社区居民文化需求，找准文化活动切入点。

③每半年组织开展 1～2 次特色文化教育活动，丰富居民文化生活，提升居民文化素养。

④培育不低于 3 个文化类社区自组织。

（二）服务策略

1. 做好阵地建设

以 Z 街道地域中心点 YX 社区为社工站打造服务阵地，与社区联合办公又相对独立。社工站设有办公室、个案工作室、档案室和小组工作室，配套齐全，保障站点服务有阵地。完善社工站管理制度，实行责任制的人员管理架构、规范的档案管理制度，实现制度体系有章。各类服务内容、规章制度规范上墙，让服务对象明确站点服务内容，保障社会工作者提供专业的社会工作服务。

2. 明确服务范围

通过对 Z 街道各社区的实地走访、居民的需求调研，明确服务方向，将人才培养、组织孵化培育管理、志愿者队伍动员管理、资源整合等系列服务紧密联系在一起，融合居民需求和建站目标，打造为一站多能的服务、管理平台。

四、服务过程

（一）社区社会组织的孵化、培育和发展

社区社会组织的孵化、培育和发展是社工站建设的一项重要内容，也是专业社会工作协同社区社会组织参与社区治理的第一步。通过《Z街道社区社会组织备案管理暂行办法》的完善，对Z街道内较为活跃的社区社会组织进行指导备案工作，完善备案后的社区社会组织有方向、有宗旨、有活动场地，得到规范化管理。社工站通过"传、帮、带、教"的引导模式带动组织发展。

（二）社会工作专业人才培养

社会工作人才培养也是建站的重要任务，是推动社工站人才培养，提升社会工作服务整体水平，增强社工站服务的内动力。面向Z街道所有学员进行社会工作能力提升，邀请行业内资深社会工作者督导担任培训讲师，采取《社会工作综合能力》《社会工作实务》《社会工作法规与政策》进行重点难点知识的梳理、易错知识的澄清、试题的巩固练习、现场答疑解惑的方式，为现场参训学员进行全方位培训，让有意愿参考学员和参考学员得到社会工作专业知识提升，为社工站建设注入源源不断的社会工作力量。

（三）志愿者服务队伍培育和建设

打造具有"名片"效应的志愿者服务队伍，分别成立了LC社区志愿服务队、微尘志愿服务队、萤火虫志愿服务队，三支队伍各具特色。LC社区志愿者服务队成员是由LC社区内低龄老人组成，每位志愿者们都各具特长，但有着共同的爱好"舞蹈"，他们发挥着自己的余热为LC社区内的高龄老人提供上门探访、情绪疏导、文艺节目表演等志愿服务。微尘志愿者服务队是由LY社区内残疾人家人、残疾人、退休老人组成，他们虽无一技之长，但都具有一颗奉献的心，积极参与助残项目服务中，营造残健共融、有"爱"无碍的和谐LY社区氛围。萤火虫志愿服务队是一群"小小童子军"，通过义卖活动所得善款，购买夏日饮品，为辖区内环卫工人、交警、疫苗接种工作人员送去夏日清凉。用小小的举动，传播志愿者"友爱、互助、奉献"的精神。

（四）站室协同建设发展

从站点工作辐射到五室氛围营造，站室协同。站点做到资源整合利用，五室协调做到把服务送到居民身边，为五个社工室以"量体裁衣"的服务方式开展各类服务，从服务好老人、儿童、残疾人、居民等方面破解社区治理难题，做到社会工作人才、社区志愿者、社区社会组织、社区居民多元参与，让居民体验到动起来的社区生活。

1. LY社区

LY社区主要采取"社会工作者+志愿者"共同协力，做好残疾人关爱服务。针对残疾人开展主题活动、心理团辅、就业培训等服务，给予残疾人心理、知识、技能等支持。

由 LY 社区微尘志愿服务队的志愿者们持续上门探访，做到时时关心、常常帮助，让残疾人感受到社会的支持与帮助，让辖区内 80％的残疾人融入社会，人际支持网络扩宽。通过链接社会资源，提供就业岗位，帮助 3 名残疾人实现就业。

2. LC 社区

LC 社区居民需求主要表现在老年群体更加追求晚年生活质量和自身价值体现。由社会工作者牵头，成立"LC 社区志愿服务队"，队员们是由 LC 社区低龄老人组成，解决了居民对陌生人的芥蒂，能更愿意接受志愿者们的服务，打破了辖区居民常态化闭门而居，谁也不认识谁的现状。低龄老人志愿者们持续上门探访高龄老人，提供温情陪伴、精神慰藉等服务减轻高龄老人们的孤独感。整合 Z 街道内和 LC 社区内社区社会组织、社区志愿者共同服务辖区居民，开展家门口的文艺表演剧场，丰富居民的精神生活。

3. WX、YX 社区

以丰富 WX、YX 社区儿童暑期生活为切入口，链接社会资源为社区儿童提供公益课堂，丰富儿童课余生活。链接消防队，带领儿童走进消防工作环境进行职业体验，增强儿童对消防知识的了解。成立"萤火虫志愿服务队伍"，让儿童从活动参与者转化为活动开展者。发挥"小小童子军"的力量，通过儿童志愿者们自己商讨，决定通过义卖所得到的钱采购夏日饮品，为工作在烈日下的劳动者们送去一丝清凉。

4. MH 社区

MH 社区的社区社会组织发展较为靠前，利用社区社会组织带动社区治理，挚文儿童社区社会组织与社工站联合拍摄"幼儿交通安全劝导"短视频，在 MH 社区收到良好的社会反响，短视频在社区门口持续播放，也在居民的微信朋友圈广泛转发，加深了居民对交通安全的认识。

五、服务评估

（一）评估方法

本项目采用资料分析法、观察法、问卷法和访谈法等多种方式，将过程评估和结果评估相结合，多维度评估服务成效。具体针对项目完成情况、服务成效、财务状况、人力资源情况、专业服务内容、服务满意度、社会效益等内容进行考核。

（二）服务成效

1. 一站五室，六平台

依托六个平台、社会工作专业服务，为居民提供助残救孤、敬老爱老、儿童关爱、社区居民素质提升等服务，提升居民生活质量，解决居民生活难题，同时协助基层民政部门，完善社区居民服务，延长服务抓手，切实解决百姓真实需求。

2. 制度推进，产组织

社工站成立后，社会工作者作为政策倡导者的角色，积极推动《社区社会组织备案登记办法》进街道、进社区，强化了社区社会组织管理，推动了全区社区社会组织健康、有序、规范发展。同时在社工站的推动下，帮助街道一支名为"熙光"的社会组织成功在民政局备案，成为一支具有规范性、合法性的社区社会组织。

3. 人才培训，扩队伍

社工站通过微信平台发布社会工作者考试培训班，召集各方人才进行社会工作人才考试培训，本次服务人群主要针对的是想要通过学习社会工作专业技能知识，提升自身专业能力，让自身变得专业化、规范化的各方人才，通过参与社会工作考试，获得证书让自己成为专业社会工作者，从而为居民提供更加专业规范的服务，并扩充社会工作人才队伍。社工站发布项目，社工室承接项目。社区设立社会工作服务室，接受街道社工站的工作安排和直接指导，开展具体业务活动。

4. 生命阳光，情暖 LY

社工室为残疾人开展花艺、茶艺、法律职业培训小课堂，帮助有就业愿望和培训需求的残疾人普遍得到相应的职业素质培训、就业技能培训，拓宽残疾人就业渠道，丰富残疾人就业技能，帮助残疾人解决就业难的问题，让残疾人走进社会，实现社会融合。多元社区活动，幸福居民生活。采用"社会工作心理疏导＋志愿者陪伴"的方式，为残疾人开展两场心理团辅活动，帮助居民缓解心理压力，消除负面情绪，走出心理阴霾，共享生活阳光，体会社会温暖。成立"微尘"志愿者队伍，通过时间银行的制度，推动志愿者队伍进驻社区活动，帮助社会工作者开展多元化社区主题活动，丰富社区残疾人精神文化生活。在志愿者参与活动的背景下，为残疾人走进社区、融进社区、重建残疾人社区交友环境、增强残疾人邻里支持网络打下了良好的基础，并营造社区关心、关爱残疾人的良好氛围。

5. 点燃夕阳，火热 LC

在 LC 社工室召集下，成功成立了一支 LC 社区志愿者服务队。成立志愿者队伍，不仅仅提高了社区自主治理能力，也让老年人在参与志愿任务时，通过为老年人赋能从而降低其自身的无用感，帮助老年人找寻自身的价值。并建立志愿者队伍，通过让老年朋友一起参与志愿活动，加固他们自身朋辈支持网络。通过开展"老有趣""亲子游"的活动，让老年人在活动中体会文艺表演的快乐、亲子时光的温暖，真正做到让老年人"老有所乐，老有所为，老有所安"。在开展社区活动的同时，社会工作者带领志愿者队伍走进社区慰问高龄老人 6 次，通过"小老服务大老"的形式，让社区老年人之间形成联系，相互支持。

6. 飘扬童趣，绽放 YX、WX

社工室进驻 YX、WX 社区后，首先为 YX、WX 的小朋友们链接七只蝌蚪艺术学校的资源，为社区儿童开展书法、美术、吉他三节兴趣课堂，让孩子们在不同的兴趣课堂中去挖掘自己的兴趣取向。开展两场以儿童为主的特色主题活动，一场为职业体验类主题活动，社会工作者带领萌娃走进消防队，成为小小消防员，通过沉浸式体验消防队员职业生活，了解消防知识。在活动的推动下，成功成立一支童子军队伍——"萤火虫志愿者服务队"，志愿者队伍成立后，社会工作者带领小小志愿者们在商场中进行义卖活动，通过套圈、买花等方式获得资金，并将获得的资金用于购买夏日清凉物资，为在高温作业的环卫工人送去夏日的一抹清凉。通过本次活动的开展，让孩子们在活动中走进社会、了解社会，锻炼自身能力，并且让孩子们在义卖的过程中获得自信，作为一名志愿者，也让他们体验帮助他人的全新乐趣。

7. 倡响文明，素质 MH

在社会工作者的帮助下，成功与 MH 社区建立 11 支文化类社区社会组织，并按社区要求对 11 支队伍进行备案。文化队伍在重阳节活动中，为社区老人进行表演，真正做到了积极开展活动，丰富居民文化生活，反哺社区。社会工作室依托节日以宣传文明文化，为社区居民开展了两场特色教育文化活动，不断满足居民文化需求、增强居民精神力量，让敬人、自律、适度、真诚的良好风气在社区中传播，营造文明礼貌的良好社区氛围。

六、总结与反思

（一）找准定位，推动治理

Z 社会工作站自建立以来，充分发挥专业社会工作者的优势和社区工作者对社区情况了解的优势，协同合作找准站点工作定位，共同推进站点工作和五个社会工作室氛围营造。通过挖掘和培育孵化社区社会组织，搭建以 Z 社会工作站为枢纽的协作平台，联动社会组织、社区志愿者、社区居民共同参与社区治理，发挥多元力量共同推进社区治理发展，使社区治理更上一个新台阶。

（二）缺乏专业，进程缓慢

Z 社会工作站执行周期短、任务重，社会组织有较强的参与积极性，但在专业领域上缺乏专业知识。社会工作站承担着培育孵化社会组织的责任，协助其发掘自身所具备的内在力量和善用外在资源以各组织的自身能力及优势参与到社区建设。部分社区社会组织成长较为缓慢，但部分社区社会组织也在迅速成长，积极参与社区治理，发挥本土社区社会组织力量。

第四部分　学校社会工作服务案例

案例一　小学生住校适应问题的个案服务

一、案例背景

随着城乡一体化趋势的发展，农村学校逐渐停办与合并，加之新生人口的缩减，农村儿童随父母进城上学等因素的影响，农村小学和学生数量不断减少。为了求学，留在农村的儿童便向乡镇集聚。寄宿制遂成了那些无法获得家人及时、便利照顾儿童的选择。《国家中长期教育改革和发展规划纲要（2010—2020）》要求"加快农村寄宿制学校建设，优先满足留守儿童住宿需要"，进一步促进了农村寄宿制学校的建设和发展。近年来，农村寄宿制小学的健康成长引起了社会的广泛关注，尤其是寄宿小学生的心理和安全问题。

本案例中，服务对象 M 属于寄宿小学生，主要面临住校不适应问题，以及由此引发的学习障碍和越轨行为，其具体信息如下。

（一）服务对象基本情况

服务对象 M，女，11 岁，目前就读于 X 小学 5 年级 4 班，是一个比较害羞和腼腆的孩子，不愿意在陌生人面前表达自己的想法，因而在第一次会谈中主要是社会工作者主导。服务对象喜欢画画和跳舞，特别喜欢小动物，虽然家里养的两只小仓鼠前几天去世了，但是没有太大的感觉，因为以前已经经历过一次。

在学校里，服务对象有一个很好的朋友，平时吃饭、玩耍都在一起。服务对象自我评价自己是班级里比较活泼的孩子，在第一次会谈中自己比较害羞是因为来到了一个新的环境，还需要几个小时或者一两天才会适应。服务对象成绩中等，自述回家后的第一件事情是做作业，不怎么玩手机。上学期服务对象的数学成绩有些退步，这学期孩子换了一位比较严格的数学老师，服务对象开始说自己喜欢比较温柔的老师，后来又说严格的老师比较好，能够推动自己学习。

在家庭里，服务对象是单亲家庭，与母亲和外婆一起居住生活，比较依赖其母亲和外婆。服务对象与亲生父亲没有太多的联系，其父亲已经重组家庭并育有一子。由于服务对象在学校天台翻过一次栏杆，所以其母亲对孩子百依百顺。据此服务对象解释是因为自己不想住校，想通过翻越栏杆的方式来引起家长的注意。

（二）服务对象对自己及处境的观念

服务对象不喜欢住校，想要每天回家和妈妈、外婆一起生活，希望能够如愿实现。但是不知道该怎么和家人沟通，采取了极端的方式来吸引家人的注意。另外，服务对象希望自己能好好学习，提升学习成绩。

二、需求分析

（一）服务对象个人的生理、心理及社会等方面的资料

生理方面：服务对象今年 11 岁，身体健康，身高体重正常，无残疾，无疾病。服务对象喜欢跳舞和运动。

心理方面：服务对象智力正常，但心智尚未成熟，会采取极端方式吸引家人的注意。服务对象是一个性格慢热、缺乏安全感的孩子，在陌生人面前自我防御机制较强、容易害羞，不愿意表达自己的想法，熟悉以后会主动分享但仍然较安静。

社会方面：服务对象对母亲的依恋程度较强，与其父亲没有太多的联系，其父亲已经重组家庭并育有一子。服务对象特别喜欢小动物，平时喜欢去邻居姐姐家里玩仓鼠。在学校里有一个很好的朋友，平时吃饭、玩耍都是一起。

（二）服务对象社会环境的微观、中观、宏观系统等资料

微观层面：服务对象是一个性格慢热、缺乏安全感的孩子，来到陌生的环境需要较长的适应时间，和人沟通时话不多。服务对象内心温柔，喜欢和小动物玩耍，对妈妈和外婆的依赖性较强，缺乏安全感，不想住校。

中观层面：在家里妈妈和外婆对服务对象百依百顺。在班级里服务对象比较活泼，和班上的同学相处比较好，有一个关系很好的小伙伴。服务对象对老师缺乏信任感，特别是在翻窗户事件之后，害怕老师不喜欢自己、害怕给老师添麻烦，所以遇到事情都不愿意跟老师交流。

宏观层面：社区里没有和服务对象同龄的孩子，所以服务对象假期基本都待在家里，不喜欢出门玩，因而对社区不熟悉，偶尔会去邻居姐姐家里玩仓鼠。服务对象不喜欢住校。

服务对象生态系统图如图 4-1 所示。

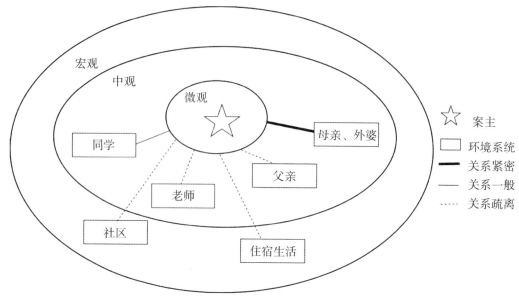

图 4-1　服务对象生态系统图

（三）服务对象需求分析

1. 以需求为导向，界定需求

（1）适应住校生活的需求：孩子对家长的依赖性较强，虽然目前对住校生活不反感了，但仍不开心，不想离开外婆和妈妈。

（2）学习正确处理问题的方法的需求：服务对象心智尚未成熟，采取了翻越围栏的极端方法吸引家人的注意。

（3）养成良好学习习惯的需求：服务对象自述回家后的第一件事情是做作业，但据社会工作者观察和了解服务对象喜欢看电视和玩手机，做作业较为怠慢。

2. 以资源为导向，识别资源与障碍

（1）资源：服务对象 M 性格温柔，熟悉之后愿意分享自己的想法和观点等。学校设有驻校社会工作服务站，家、校、机构三方共同合作，有利于展开服务。

（2）障碍：由于家庭和自身的原因服务对象对妈妈的依赖性较强，加之其有翻越栏杆的危险行为，家长和学校老师都对孩子百依百顺，服务对象自身的改变意愿不强。

（四）理论分析

任务中心模式把服务介入的焦点集中在为服务对象提供简要有效的服务上，希望帮助服务对象在有限的时间内实现自己所选定的明确目标。该模式认为，高效的服务介入必须符合五个方面的基本要求：介入时间有限、介入目标清晰、介入服务简要、介入过程精密和服务效果明显。任务中心模式的主要特点是：清晰界定问题；明确界定服务对象；合理界定任务。在本个案服务中，社会工作者计划在个案服务周期内，聚焦于服务对象的需求，与其共同商议并确定服务目标，通过专业性服务协助服务对象适应住校生活，学习正确处理事情的方式并养成良好的学习习惯。

三、服务计划

（一）服务目标

（1）短期目标：增强服务对象的安全感，协助服务对象适应住校生活。

（2）中期目标：引导服务对象学习正确的处理事情的方式。

（3）长期目标：协助服务对象养成良好的学习习惯，督促其认真学习

（二）进度安排

第一阶段：与服务对象 M 建立专业关系，了解其个人信息及其家庭情况，澄清服务对象的期待，界定其需求并明确个案服务的目标和任务，制订服务计划。

第二阶段：通过定期会谈，增强服务对象的安全感，协助服务对象适应住校生活；引导服务对象学习正确的处理事情的方式；协助服务对象养成良好的学习习惯。

第三阶段：评估学习习惯正强化的效果；与服务对象一起回顾个案服务过程，巩固服务成效并处理离别情绪，顺利结案。

四、服务过程

（一）第一阶段：建立关系，明确介入任务

在第一次会谈时，服务对象 M 是在老师的陪伴下来到咨询室的。当她进入咨询室后，服务对象 M 并没有取下口罩，并且在会谈的过程中较少说话，主要是社会工作者在做引导。通过此次会谈，社会工作者了解到服务对象 M 的基本信息和生态系统情况，也了解到其面临的最主要的困境是适应住校生活。

第二次会谈是在服务对象 M 家中展开的，当社会工作者到达服务对象 M 家的时候，她正在一边看电视一边写作业。社会工作者首先向服务对象 M 问好，然后以家里的狗狗的视频吸引服务对象 M 的注意，在此过程中服务对象 M 比较主动地分享了养小仓鼠的事情。随后社会工作者与服务对象 M 进行了简单的交流，了解到服务对象 M 的母亲正在上班，因而本次会谈主要是与服务对象 M 的外婆进行的。社会工作者了解到服务对象 M 很依赖妈妈和外婆，舍不得离开他们，以前编过肚子痛、腿痛等各种理由让家长来接自己回家，上一次还威胁家长要跳楼并做出了翻越栏杆的危险行为。但是外婆解释道："孩子并没有打算跳，只是把窗户推开了。她只是为了借此来引起家长和老师的关注，希望自己能够不住校。"也自从翻越栏杆后，服务对象 M 开始害怕老师不喜欢自己、害怕自己给老师添麻烦，所以遇到事情也不愿意跟老师反映。外婆还说服务对象 M 现在回家后不会马上做作业，而是特别喜欢玩手机。如果不允许服务对象 M 玩手机的话，服务对象 M 就会生气不理外婆，甚至会将外婆锁在门外，但是孩子听话的时候又特别听话，还会把学校发的水果带回来给外婆吃。

就此，本个案服务完成了第一阶段的任务，通过与服务对象 M 的直接会谈和与其重要他人的会谈收集服务对象 M 情况，并通过服务对象 M 喜欢小动物的爱好拉近了彼此的关系，第一阶段的目标顺利达成。

（二）第二阶段：实施介入，促进改变

第三次会谈的主要目标是引导服务对象 M 发现周边的支持网络，增强其安全感。所以在会谈过程中社会工作者和服务对象 M 一起绘制了生态系统图，并且利用了讲述故事和澄清的方式。当画到自己依赖母亲和外婆时，社会工作者引导其理解即使没有生活在一起，但是家人永远都在心中；当画到与老师关系疏离时，社会工作者引导服务对象 M 回忆与老师的有趣瞬间，服务对象 M 提到了自己生病时老师特别关心自己等，以此帮助服务对象 M 了解自己的支持网络，相信自己是在爱和关心的环境中学习和生活的。

第四次会谈主要聚焦于服务对象 M 处理问题的非理性方式。由于服务对象 M 的非理性行为主要是在处理是否住校问题方面，因而社会工作者首先询问了其关于住校的看法。服务对象 M 表示当她发现一周回一次家时，母亲和外婆还是一样地爱自己，而且可以和同学一起玩耍，所以现在也挺想住校了。随后社会工作者指出了其在处理这件事情上的错误，并一起探讨了正确的应对方式，即及时与母亲沟通、表达清楚自己的想法、了解母亲的想法。

第五次会谈主要聚焦于服务对象 M 的不良学习习惯问题。服务对象 M 回到家后很喜欢玩手机，不会想作业是否完成，每天玩手机时间超过 6 个小时，主要是玩游戏《迷你世界》、刷快手短视频等。就此社会工作者采取了正强化的方式，与服务对象 M 达成约定，记录自己完成作业的时长和状态，并邀请室友监督，每认真完成作业一次就可以积一分，到下一次服务时兑换"心愿礼物"。

（三）第三阶段：巩固成效，顺利结案

在服务间隙，社会工作者向服务对象 M 室友了解了服务对象 M 近一周的作业完成状态，其室友表示服务对象 M 现在没有以前闹腾了，也不会一直打扰她们，但是一般都是寝室里最后完成作业的，就此社会工作者引导室友们看到服务对象 M 的改变并希望她们多鼓励服务对象 M，一起帮助服务对象 M 养成良好的学习习惯。

在正式会谈开始时，社会工作者邀请服务对象 M 展示自己前一周的约定完成情况，服务对象 M 很高兴地说自己完成得很好，于是社会工作者按照约定送给了服务对象 M 一个"心愿礼物"。社会工作者和服务对象 M 一起回顾了整个个案的过程，询问服务对象 M 通过一学期的服务，觉得自己改变的地方有哪些？服务对象 M 回答说："第一，变得更加独立，喜欢住校了；第二，学习变好了；第三，玩儿手机的时间减少了。"社会工作者对服务对象 M 的改变给予了肯定，从经验中肯定了服务对象 M 以后处理问题的能力和适应生活的能力，增强了服务对象 M 自己面对问题的信心。社会工作者告诉服务对象 M，本学期结束社会工作服务也要结束了，并且其进行了再次的肯定和鼓励，让其感受到不是社会工作者放弃了她，而是其已经足够优秀了，可以自己独当一面了。最后社会工作者询问服务对象 M 最近有没有什么愿望，服务对象 M 说期末考试考好点，这样妈妈才不会拿走自己的手机和压岁钱。就此本个案服务顺利结案。

随后，对本次个案过程进行评估，总结社会工作者在服务中存在的问题以及不足，吸取经验教训。同时，与服务对象一同探讨结案后的回访跟进计划，告知服务对象 M 在服务结束后如果有需要可以联系社会工作者，可以给社会工作者写信和打电话。此外，社会工作者也将保持与服务对象 M 的老师和家长的联系，适时了解服务对象 M 的成长与变化，以便及时进行跟踪服务。

五、服务评估

（一）评估方法

社会工作者采用质性评估方法中的访谈法对服务对象 M 的问题解决程度、意愿、重要他人的态度等进行调查，结合社会工作自身的观察总结，对本个案服务进行评估。

（二）评估内容

1. 服务对象的问题解决程度

服务对象 M 与室友建立起较好的关系，从意愿上愿意住校了，也开始适应住校生活。虽然学习写作业时的自觉性还有待提高，但主要问题已得到解决。

2. 服务对象的意愿

服务对象能够清楚认知自己做出的改变，为自己的问题得到解决而开心，为提升自己的能力而开心，愿意结案；此外，服务对象 M 期望自己能在住校生活中结交新朋友，在期末考个好成绩。

3. 重要他人的评估

服务对象 M 的室友表示 M 现在没有以前闹腾了，也不会一直打扰她们，但是一般都是寝室里最后完成作业的，他们也愿意以后多监督和鼓励 M。M 的老师表示 M 不会故意躲着自己了，也没有再出现过极端行为，是有较大变化的。

4. 社会工作者的观察

社会工作者看到了服务对象 M 的逐渐变化，看到服务对象 M 从害羞到活泼，从不愿意参加活动到积极配合改变。在结案阶段社会工作者和服务对象 M 一起回顾了整个个案的过程，和服务对象 M 一起总结出来这一学期发生的改变：第一，变得更加独立，适应住校了；第二，学习更加积极主动，成绩提升了；第三，自控力提高，玩手机的时间减少了。服务目标达成，社会工作者对服务对象 M 的改变给予了肯定，从经验中肯定了服务对象 M 以后处理问题的能力和适应生活的能力，增强了服务对象 M 自己面对问题的信心。由此，本个案可以顺利结案。

六、总结与反思

(一) 个案服务初期

在收集资料时,社会工作者不仅要从服务对象处搜集信息,也要向服务对象的重要他人了解情况;不仅要了解服务对象的个人基本信息,还要了解其所处的环境情况、服务对象为解决问题而做过的努力等。由此准确地、全面地掌握服务对象的情况,避免出现信息误差。例如,本个案中服务对象 M 自述能够及时完成作业,但是其外婆说 M 很喜欢玩手机。当社会工作者详细地了解服务对象的有关资料后,便可以从中了解问题的成因,确定其问题的性质,发现解决问题的入手点。

在初次接触服务对象时,社会工作者可以寻找共同话题来拉近彼此的距离。同时在第一次会谈时要注意服务对象的性格倾向和情绪状态,如果是内向、安静的个体,社会工作者可以多讲话,而服务对象可以多倾听,在后续的服务中再引导服务对象多表达、展示自我,让服务对象可以逐步接受、积极参与到服务中来,从而解决问题。

(二) 个案服务中期

随着服务的进程,社会工作者真诚地接纳服务对象,与服务对象建立起了良好的工作关系,服务对象很信任社会工作者也愿意听取社会工作者的建设性建议,可以促进个案服务取得更好的服务成效。当然,社会工作者一定要注意秉持社会工作基本价值伦理,要注重服务对象自决,可以向服务对象提供信息,进行监督与鼓励,但是不能够替服务对象做决定,要协助服务对象增强自身能力,培养自助能力。

本个案服务采取任务中心模式,在个案服务周期内聚焦于服务对象 M 的问题,与其共同商议并确定服务目标,通过专业性服务协助服务对象 M 适应住校生活、学习正确的处理事情的方式并养成良好的学习习惯,达成了服务目标,符合结案条件。

(三) 个案服务后期

在协助服务对象解决问题时,要注意到服务对象所处的情境,合理地调动和利用其环境中的资源来促进服务对象的改变和进步,可以达到事半功倍的效果。在本个案服务中社会工作者邀请服务对象 M 的室友监督其认真学习,取得了较好的效果。也引导其室友看到她的改变,为服务对象 M 营造良好的环境,以此来促进服务进度和强化服务对象 M 的改变,取得了较好的效果。

在结案阶段,社会工作者要让服务对象理解服务的结束不是社会工作者放弃了他,而是服务对象已经足够优秀,具备了解决问题的能力,可以自己独当一面了,由此来强化服务对象取得的成果,避免服务对象出现不良情绪和反应,激励服务对象运用已掌握的能力来解决生活中的难题。

案例二　小升初适应小组服务

一、案例背景

生活在物质环境中的我们，环境的瞬息万变给我们的生活带来了层出不穷的挑战，除此之外还有外界的各种压力、内部因素、客观条件、主客能动性等一系列错综复杂的问题。

对于刚升入初中的七年级学生来说，初中阶段正处于个体身心状态开始发生剧变的一个重要转折时期。小升初学生面临着一个全新的阶段，环境和角色都在随之发生变化，他们需要不断地去进行自我调节，适应新的初中生活。如果此时不能给他们以科学地引导，任由他们盲目地被动适应有可能给他们带来颓废、压抑等各种消极影响，极大地挫伤他们的学习积极性，导致他们因怀疑、否定自身而出现各种心理问题，影响他们今后的身心健康发展。因此本次小组活动，提出"初中生适应"的主题，从而帮助七年级学生尽快地适应过渡期，身心获得愉悦发展，为后期学习奠定基础。

二、需求分析

（一）对学生需求的调查评估

1. 对学习适应的需求调查

以网上问卷调查形式，了解 X 学校七年级学生情况。调查的内容包括对学校的满意度、对生活的满意度、对学习的适应程度、对日常生活的适应程度、对学习的喜爱程度、与老师的相处程度、与同学的相处程度等问题。通过对数据的整理和分析，发现部分学生不适应初中的学习进度，没有掌握正确的学习方法并且极个别学生表现出强烈厌学情绪。

2. 对生活适应的需求调查

问卷调查数据显示，近一半的学生或多或少出现过不适应寝室生活、不知道如何照顾自己的生活起居、环境适应能力较弱、产生过"走读"的想法。学生的自理能力较差不利于学生初中阶段的身心发展，容易产生依赖的情绪和消极的心理。此外，通过面谈了解到部分学生对团体生活存在排斥。

（二）对老师需求的调查评估

通过走访老师了解到较多七年级学生不适应小升初的身份转变，对自我的认知仍停留在小学，其次学习中不能灵活地转变思维方式，导致学习吃力。生活方面，不能很好地适应初中的生活节奏，常常感到疲倦。

（三）理论分析

社会心理学家舒茨提出人际需要的三维理论，舒茨认为，每一个个体在人际互动过程中，都有三种基本的需要，即包容需要、支配需要和情感需要。① 这三种基本的人际需要决定了个体在人际交往中所采用的行为，以及如何描述、解释和预测他人行为。七年级学生刚进入小升初面临着不熟悉的环境，他们需要包容、需要情感的支持，才可以更好地适应新生活、新环境。

三、服务计划

（一）服务目标

1. 总目标

通过提升服务对象在生活、人际关系和学习这三方面的适应能力，从而帮助七年级学生尽快地适应过渡期，身心获得愉悦发展，为后期学习奠定基础。

2. 分目标

（1）85％的组员在活动结束后，能够认识到遵守规则对生活适应的重大影响。

（2）85％的组员在活动结束后，能够明白合作能够促进学习适应。

（3）85％的组员在活动结束后，能够初步认识到人际适应的重要性。

（二）服务信息

（1）小组名称："新适应、新成长"小升初适应小组。

（2）小组类型：教育、互助小组。

（3）小组时间：2021年8月—2021年9月（每周日一次，共5次）。

（4）小组人数：10人。

（三）服务内容

本小组共分为5次活动，围绕初中生生活、学习以及人际适应设定了不同的目标和主题，具体情况见表4-1所示。

表4-1 初中生生活、学习以及人际适应设定了不同的目标和主题

第一节 有缘来相会					
	时间	主题	目的	内容	物资
1	5分钟	相遇便是缘	1. 让组员认识工作人员；2. 让组员了解本小组活动的工作与目标	1. 工作人员进行自我介绍；2. 工作人员介绍本次小组活动的意义、目的、活动内容和时间安排	

---

① 优文网．舒茨的人际关系理论［EB/EO］．2021－11－04/2023－03－10．https：//www.unjs.com/zuixinxiaoxi/ziliao/20170705000008_1382316.html.

	时间	主题	目的	内容	物资
2	15分钟	找家	1. 进行破冰行动，拉近组员彼此之间的距离； 2. 烘托小组氛围，以便后续环节的开展	1. 让队员手拉手围成圈，当工作人员说"四口之家"组员必须按照要求形成4人一组，找到自己的家，没有找到家的成员，站到隔离区； 2. 邀请隔离区外的组员分享自己没有找到家的感受，同时也邀请找到家的组员分享自己的感受	
3	15分钟	规范我能行	1. 让组员之间彼此认识，初步了解彼此的姓名、班级； 2. 订立小组契约，以便小组活动的顺利进行	1. 利用第二个游戏分出的二人之家，将组员分组，让组员互相介绍对方； 2. 工作人员分发A4纸，让同学们订立小组规则，并盖手印	A4纸、盖手印用的墨。
4	5分钟	总结分享	工作人员总结本次活动	1. 工作人员与组员重温本次活动内容并进行总结； 2. 提醒下一次活动的时间	
预计困难			1. 组员可能不发言，积极性不高； 2. 找家环节，由于场地原因可能会限制该活动的开展		
解决办法			1. 对不愿意发言的组员多鼓励，可以以提问的方式去引导他们； 2. 若天气良好可以去室外进行		

第二节 生活处处吻

	时间	主题	目的	内容	物资
1	5分钟	回顾活动	回顾上一节活动内容，告知本节活动目标	工作人员带领组员回忆上节活动内容，并介绍本节活动的内容	
2	15分钟	滚雪球	1. 让组员复习小组成员的名字； 2. 再次加深组员之间的了解，消除彼此的陌生感，同时提升活动氛围	1. 先邀请小组成员围成一个圆圈坐下，从第一位组员开始介绍自己，如"我是XXX"，紧接着，顺时针介绍，第二个组员要说"我是XXX"后的"XXX"，依次介绍下来。 2. 最后大家一起喊出每个人的名字； 3. 工作人员提问，为什么我们能够记住大家的名字	

续表

	时间	主题	目的	内容	物资
3	15分钟	红灯停，绿灯行	让组员了解规则，明白为什么我们要去适应生活	1. 一半同学扮演汽车司机，一半同学扮演行人，工作人员说大绿灯时，只能汽车过，行人停，小绿灯时，只能行人过，汽车停，相反大红灯汽车停，行人走，小红灯行人停，汽车走 2. 工作人员邀请小组成员分享为什么我们要这样做	毛线
4	5分钟	总结分享	工作人员总结本次活动	1. 工作人员与组员重温本次活动内容并进行总结； 2. 提醒下一次活动的时间	
预计困难			1. 学生们玩得太过了，纪律问题不好控制； 2. 滚雪球环节，大家可能会遗忘组员的名字		
解决办法			1. 可以与组员们一起商量一个小口令； 2. 滚雪球前，让组员们在依次说出自己的名字		

第三节 学习处处吻

	时间	主题	目的	内容	物资
1	5分钟	回顾活动	回顾上一节活动内容，告知本节活动目标	工作人员带领组员回忆上节活动内容，并介绍本节活动的内容	
2	20分钟	抛开烦恼	1. 帮助学生找到适合不同学科的学习方法； 2. 帮助学生学会主动求助，促进组员之间的友谊	1. 让组员围成一个圆圈，工作人员在圆圈中放入一个纸盒；邀请组员把自己在学习上的烦恼写下来，揉成团，扔进纸篓里； 2. 一位组员拿出纸篓里的纸团，传递给下一个，拿到纸团的人打开它，并大声朗读上面的问题，同时也和拿出纸篓的组员结成一个小组； 3. 紧接着，每个小组成员进行讨论，针对该纸团的烦恼提出解决措施，并写下来，写完后，和相邻的小组交换； 4. 工作人员进行提问，大家觉得哪一种解决措施比较好	纸盒、A4纸、笔

3	10分钟	同心协力	通过合作完成游戏，让组员明白学习并不是单枪匹马	1. 每组两人背对背坐下，手臂相扣； 2. 两人要运用自己适合的办法，让自己站立起来； 3. 两人成功后，则挑战四人	
4	5分钟	总结分享	工作人员总结本次活动	1. 工作人员与组员重温本次活动内容并进行总结； 2. 提醒下一次活动的时间	
预计困难			抛开烦恼环节，可能会有学生去做其他事情，不专心该环节的活动		
解决办法			帮助学生仔细思考烦恼的来源，社会工作者耐心示范和引导		

第四节　人际处处吻

	时间	主题	目的	内容	物资
1	5分钟	回顾活动	回顾上一节活动内容，告知本节活动目标	工作人员带领组员回忆上节活动内容，并介绍本节活动的内容	
2	10分钟	看视频	1. 让组员明白人际交往的重要性； 2. 学习怎样去人际交往	1. 播放视频； 2. 向组员提问，你从中学习到了什么	电脑
3	20分钟	扭扭乐	让组员打破尴尬氛围，踏出社交第一步	1. 通过抽签分小组，2人一组； 2. 转转盘，共转四次，按照转盘的指令做动作； 3. 工作人员提问，邀请组员分享	转盘、游戏道具
4	5分钟	总结分享	工作人员总结本次活动	1. 工作人员与组员重温本次活动内容并进行总结； 2. 提醒下一次活动的时间	
预计困难			1. 学生们玩得太过了，纪律问题不好控制； 2. "扭扭乐"时间太少了		
解决办法			1. 可以与组员们一起商量一个小口令； 2. 把控好时间，可以让第二个环节精简一点		

第五节　有缘再会

	时间	主题	目的	内容	物资
1	15分钟	回顾分享	回顾上一节活动内容，并告知本节活动即将离别	1. 工作人员带领组员回忆前几节内容； 2. 告知组员这是最后一次活动	PPT、照片、视频

续表

2	5分钟	滚雪球	再次加深组员们对彼此的印象	1. 先邀请小组成员围成一个圆圈坐下，从第一位组员开始介绍自己，如"我是XXX"，紧接着，顺时针介绍，第二个组员要说"我是XXX"后的"XXX"，依次介绍下来； 2. 最后大家一起喊出每个人的名字	
3	5分钟	测评	进行评估	让组员填写问卷	问卷量表
4	15分钟	交流感言	促进组员表达感受，进行总结	1. 邀请组员分享在此次活动中的感受与收获； 2. 工作人员对组员进行奖励； 3. 工作人员进行总结发言，宣布小组结束	
预计困难			成员之间不舍，情绪悲伤		
解决办法			工作人员进行情绪疏导，减轻离别情绪		

四、服务过程

（一）小组初期

第一次小组活动，首先让组员进行自我介绍。紧接着向组员说明小组的性质、特点、活动方式和小组目标等。邀请小组成员共同玩"抱团"小游戏，增强小组的凝聚力，通过"滚雪球"游戏，帮助大家熟悉小组成员。与组员共同制定小组契约，按手印并签字确认。

活动效果总体良好，组员积极参与小组活动，并踊跃发言，同时积极参与小组契约的制定。工作人员也对组员报有期待，希望和大家在未来四节活动中一起健康成长。总体来说超出了社会工作者的预期。

（二）小组中期

小组中期主要从生活、学习、人际适应三方面开展活动。

1. 以游戏为基线，通过游戏获得生活体验

以画线游戏为开端，激发组员的积极性，以便更好地参与后续活动。开展红绿灯游戏，旨在让组员明白生活中的规则，以及适应生活的重要性。活动总体流畅，组员积极参与其中。在"你追我画"的游戏中，组员投入专注，学习到了如何提高专注力到学习中。在红绿灯的游戏中，组员兴趣高涨。在最后的分享环节中，组员表达了自己对这节小组活动的满意度。

2. 分享学习产生的困扰，增强学习方法和技巧

以"背靠背起立"游戏，调动组员积极性，并让组员在纸上分别写出自己对于学习产

生的困扰，以击鼓传花的方式进行分享，组员针对问题提出相应的学习方法和技巧。在这个过程中组员们积极思考踊跃发言，针对学习问题提出了许多有效方法，也快速拉近了组员之间的距离。

3. 观看人际交往视频，学会人际交往

随着小组活动的开展，组员更加熟稔，彼此之间的交往越来越频繁。通过观看人际交往视频，增强人际交往能力。以拼乐高小人为活动，让组员进行实际演练，从而提高自己的人际交往能力。总得来说，活动效果良好，组员们相处融洽，汲取知识快。

（三）小组后期

活动开始后社会工作者带领组员回忆上一次活动内容和学习到的知识，随后邀请大家分组用纸盘画出自己对小组搭档的印象和特征，之后进行介绍，在这个过程中小组氛围越发高涨。通过串名字进一步让大家彼此熟悉，最后处理离别情绪。

五、服务评估

（一）评估方法

1. 访谈法

活动结束后对参加活动的组员进行简单询问，包括他们对活动的意见和建议等，对活动进行打分。通过这样的方式评估活动效果。

2. 观察评估

辅助员对每次小组活动过程进行观察和记录，了解组员在活动中的互动情况、投入情况和能力表现，以及社会工作者的互动情况和专业技巧运用情况。

3. 社会工作者自评

社会工作者对目标达成情况、技巧运用及组员之间的互动程度等进行自我评价。

（二）评估内容

小组活动共进行了五节，社会工作者按照评估方式对小组进行了评估。

1. 小组目标达成情况

每节小组活动结束后，都会对小组成员进行简单询问，了解组员对小组的看法和评价。约90%的组员对活动进行了高分评价，认为参与活动后自己认识了更多的朋友，也学到了很多适宜性的技巧，其中最有用的是学习适应的技巧。小组的目标基本已达成，活动效果较好。

2. 组员适应能力的提升

通过社会工作者的观察和他人的反馈，组员在参加了小组活动后，在学习、生活和人际交往方面能更加地适应初中生活。在生活中组员给未适应初中生活的同学提供相应的帮助。

3. 小组得到组员认可，组员关系更加密切

小组组员从刚开始的陌生拘谨到后期的信任亲密，都体现了组员对小组的认可，尽管小组活动结束了，但是组员所建立的亲密关系延伸到了小组活动之外。

六、总结与反思

（一）社会工作者要积极发挥自己的角色

小升初的组员对初中环境还具有陌生感，不太适应初中学习和生活。因此，在小组初期组员表现得比较被动，这时社会工作者就要扮演更为积极主动的角色，调动小组氛围，让更多的组员参与其中。包括主动发问和分享，通过社会工作者主动地分享，引发组员的共鸣。鼓励组员互动表达，敢于突破自己，从而加强组员之间的联系。

（二）社会工作者要采用专业技巧，促进组员的投入

在小组活动中，多采用同理心、倾听的技巧，增加组员对小组的认同。要善于发现组员的优点，对其进行鼓励，以提高组员的自信心。

案例三 初一学生人际交往小组服务

一、案例背景

人际交往是社会生活的重要内容之一，自我的发展、心理的调试、信息的沟通、需求的满足、人际关系的协调，都离不开人际交往。每个人都希望自己善于交往，都希望通过交往建立良好的关系，这些良好关系可以使个人在温馨怡人的环境中愉快地学习、生活和工作。

现今，青少年人际交往障碍已成为不容忽视的问题，不少学生都在人际交往方面出现了一些困惑和难题，尤其是对于刚升入初中的初中一年级学生来说，在适应初中生活、转变角色的这个阶段，出现了心理和行为上的不适应情况。

二、需求分析

（一）服务需求

本次小组的服务对象是 X 学校刚升入中学的初一学生。通过问卷调查，了解到 X 学校小升初的学生在与同学和老师的相处中存在不适应，缺乏相应的人际交往能力，以及对自我的正确认知，从而导致学生在人际交往中自信心不足。经过学校社会工作者判断认为，开展人际交往小组十分必要，不仅有利于初一学生掌握人际交往技巧，还能进一步提高自信心。为了更好地帮助学生提高其人际交往能力，组织开展"打开心扉，你我一起逐梦远航"人际关系能力提升小组，增强组员的人际交往能力。

（二）理论分析

1. 人际关系理论

人际关系理论以人际关系与沟通的发展作为了解个体行为的基础，并假设在个体生存的空间存有一个"人际场"，而人际沟通不良会导致人的心理失常。初一学生在刚进入初中时，面对各种各样的陌生面孔，他们既感觉亲切又生疏，既渴望交往又害怕交往。在这个时期的初一新生经常会有孤独、失落、交往焦虑等心理不适感，一旦出现障碍就会影响心理健康和正常交往。因此，初一新生需要在小组环境的影响下学会与他人恰当地交往和沟通，感受到团体的温暖，增强合作意识，提高人际交往的技能。

2. 镜中自我理论

镜中自我理论认为，人与社会是紧密联系的。在与他人的互动过程中，我们通过感知他人对我们的反映和评价，从而建立起我们的自我意识、自我形象和自我评价。小组犹如一面镜子，组员可以从这面镜子里发现真实的自我，加深自我了解。小组中每个成员的表现和变化都会影响到小组，小组整体的进程也会影响小组中的每一个人。小组工作所提供的密切的互动和真实的回馈，可以帮助新生在小组中感知他人对自己的反映和评价，建立正确的自我意识、自我形象和自我评价，从而提高自信心。

三、服务计划

（一）服务目标

1. 总目标

通过提升服务对象人际交往能力和自我认知能力，促进服务对象更好地适应初中生活。

2. 分目标

（1）帮助80％的组员认知自己，增强自尊感，提高自信心。

（2）帮助70％的组员学会在和人交往的过程中认知自己和认知他人，学会与别人相处，懂得接纳和尊重。

（3）90％的组员掌握人际交往技巧，比如倾听、沟通和关心。

（二）服务对象

X学校有10名小升初学生想提高人际交往能力。

（三）服务信息

（1）小组名称："打开心扉，你我一起逐梦远航"小组。

（2）小组类型：互动提升小组。

（3）小组时间：2021年8月—2021年10月（每周六一次，共计6次）。

（四）服务内容

经过调查，厘清小组成员的需求，与其共同制定小组具体目标，将他们关心的人际交往技巧、自我认知、学会与别人相处中要懂得接纳和尊重等作为活动主题，通过互助游戏达到小组预期目标。本次小组共分为八次活动，社会工作者为每次活动设定了不同的目标和主题，具体情况如表 4-2 所示。

表 4-2　社会工作者为每次活动设定了不同的目标和主题

第一节　有缘来相会

活动名称	活动目标	活动内容	时间	所需物资
工作人员自我介绍	1. 让组员认识工作人员； 2. 让组员认识本小组的目的及目标	1. 工作人员进行自我介绍并致辞； 2. 工作人员介绍本次小组活动的内容和时间安排	5 分钟	致辞稿
"五指山"	使组员之间有初步的认识和了解，相互之间记住组员的名字	1. 所有人围成一个圈坐下，一人一张图纸和自己喜欢的颜色的彩笔，请大家画下自己的手型； 2. 从大拇指依次写下自己的兴趣、最喜欢吃的东西、喜欢怎样的人、星座、个性。并在中间写下自己的姓名，之后大家轮流介绍（每人限时 1 分钟）	15 分钟	彩笔一套，A4 纸若干
"希望树"	1. 与组员一起订立小组协议，使他们对小组更有归属感及承担责任，使活动可以有秩序地开展； 2. 填写前测问卷	1. 大家一起讨论对小组的希望，将之写在果实上后贴到希望树上，讨论团队规则，作为土壤写在希望树根部； 2. 工作人员组织组员填写前测问卷并收回分析	10 分钟	笔、纸"希望树"
携手共进	使组员进一步了解团队的概念，并引导他们迈出人际交往的第一步	1. 工作人员宣布小组正式成立，请每个组员分别与其他组员握手，并向对方说："以后请你多支持我，我也一定支持你。" 2. 小组成员每个人伸出右手，同时贴在一起，并齐声说："我们是同伴，我们将携手共进。"	5 分钟	
总结分享	工作人员总结本次活动	1. 工作人员与组员重温本次活动内容并进行总结； 2. 提醒下一次的活动时间	5 分钟	
活动时间	40 分钟			
预计困难	组员在自我介绍时可能会紧张，不说话			
解决办法	鼓励支持他，可以以提问的方式去引导他们			

第二节　不一样的我

活动名称	活动目标	活动内容	时间	所需物资
回顾活动	回顾上一节小组活动的内容并告知本节小组的目标	工作人员带领组员回忆上节小组活动内容（小组契约），并介绍本节小组的内容和目标	3分钟	
拼搭大比拼	拉近组员彼此之间的距离，活跃氛围，便于后续活动的开展	1. 采用抽签的方式把组员分为两人一组； 2. 把手中的乐高积木各自分开，随意地摆放在面前，然后用三块积木制作一个地基； 3. 每组组员共同用面前的积木挑战搭建乐高，先搭建12层、14层、16层。搭建后保持5秒不倒则胜利（5分钟内搭完）	10分钟	纸条抽签乐高积木
自画像	促进组员的自我认识，加深组员之间的相互了解	1. 要求每人画出自己，可以用任何方式：抽象、生动、写实、动物、植物均可，总之把最能代表自己的东西画出来； 2. 画完后，挂在墙上开一个小画展，让小组成员自由观看，不加评论，欣赏完之后请绘画本人向其他组员解说自己的画	20分钟	彩色笔、蜡笔、A4纸
总结分享	分享本次活动的心得体会	1. 组员聚在一起，工作人员组织本次活动的分享； 2. 提醒下一次的活动时间	7分钟	
活动时间	40分钟			
预计困难	解说自画像时，组员紧张不太会介绍			
解决办法	工作人员以提问的方式引导组员介绍自己的作品			

第三节　人间温暖，在于尊重

活动名称	活动目标	活动内容	时间	所需物资
回顾活动	回顾上一节小组活动的内容并告知本节小组的目标	1. 工作人员带领组员回顾上次活动内容； 2. 工作人员介绍本次小组活动的内容和时间安排	5分钟	

续表

"击鼓传花"	活跃气氛,建立良好的氛围	1. 组员们坐成圈,工作人员发给一位组员压力球; 2. 工作人员开始放音乐,音乐开始时,顺时针传球,音乐停,游戏停; 3. 压力球停在哪位组员手上,哪位组员就起来进行抽签游戏	8分钟	电脑、音乐、抽签盒
我的盾牌	促进组员自我认识,了解人无完人,每个人都有优点和缺点,我们接纳一个人就包括接纳他的缺点	1. 每个人拿一支笔和一张纸,在纸的中间画一条线; 2. 纸上的左边写上自己的优点,右边写上缺点,时间为3分钟; 3. 邀请组员分享,说明纸上的内容(每一位组员); 4. 举行一个鼓励、接纳的仪式:男生和男生挨着坐,女生和女生挨着坐,从一人开始,向右边的人握手并说:"XX,你真棒,我相信你。"回答说:"谢谢,你也很棒,我们也相信你。"直到一圈轮完为止	12分钟	笔、A4纸
众矢之的	感受在与人交往的过程中,不被人尊重与接纳时的感觉	1. 所有人围成圈坐下,抽签决定三个组员走出活动室; 2. 其他组员在第一个组员进来时,不管他说什么,都不要理他; 3. 第一个组员结束后,社会工作者将第二个组员叫进来,不管他说什么,其他人都要反对他的意见; 4. 第二个组员结束后,社会工作者将第三个组员叫进来,不管他说什么都要打断他	10分钟	抽签纸、"剧本"
总结分享	工作人员总结本次活动	1. 工作人员与组员重温本次活动内容并进行总结; 2. 提醒下一次的活动时间	5分钟	
活动时间	40分钟			
预计困难	1. 组员不愿意分享纸上的内容; 2. 有些组员可能会出现冲突			

续表

解决办法	1. 工作人员可以做自我披露，来引导组员； 2. 工作人员强调这只是一个体验活动，组员的反应并不是真实的

第四节 团团大作战

活动名称	活动目标	活动内容	时间	所需物资
回顾活动	回顾上一节小组活动的内容并告知本节小组的目标	1. 工作人员带领组员回顾上次活动内容； 2. 工作人员介绍本次小组活动的内容和时间安排	5分钟	
乌鸦与乌龟	活跃气氛，建立良好的氛围	1. 两人一组，猜拳决定一个扮演乌龟，一个扮演乌鸦，双手掌心相对； 2. 工作人员讲"乌龟与乌鸦"的小故事，念到"乌龟"时，"乌龟"要用双手去夹"乌鸦"的手，念到"乌鸦"时，"乌鸦"就要用双手夹"乌龟"的手； 3. 输的一方赞美赢的一方1分钟	5分钟	
找变化	懂得朋友之间的相处要相互关心	1. 两人一组； 2. 背对背，给大家2分钟，在自己身上做3个变化； 3. 回过头，彼此找对方的变化，都找出的人请举手	10分钟	
你来比画我来猜	让组员意识到沟通和倾听的重要性	1. 组员进行抽签并分成两组，猜拳决定先后顺序； 2. 每位组员轮流表演，表演前才能去工作人员那里抽词汇，表演时可以用口头语言和肢体语言，但所说的话不能涉及词语中的任何一个字，否则算作失败； 3. 表演者可以弃权	15分钟	抽签纸、词语卡片
总结分享	工作人员总结本次活动	1. 工作人员与组员重温本次活动内容并进行总结； 2. 提醒下一次的活动时间	5分钟	
活动时间	40分钟			
预计困难	"你来比画我来猜"的环节，组员不知道怎么表演词语			
解决办法	可以引导组员用其他的方式，比如说跟词语有相关性的话题等			

第五节 众人拾柴火焰高

活动名称	活动目标	活动内容	时间	所需物资

续表

回顾活动	回顾上一节小组活动的内容并告知本节小组的目标	1. 工作人员带领组员简单回顾上次活动内容； 2. 工作人员介绍本次小组活动的内容和时间安排	5分钟	
积木叠叠乐	培养组员之间的默契和沟通	1. 先将木块以三根为一层，交错叠高成塔； 2. 然后轮流掷骰子决定抽取哪一层的木块； 3. 若中途木塔倒塌则算挑战失败	10分钟	积木
移形换位	增强小组的凝聚力，提升团队合作能力	1. 组员站成一个圈，每个人分发一根不倒森林； 2. 右手背在后面，左手握住不倒森林保持不倒，听口令移到前一名组员的位置，并迅速接住对应的不倒森林； 3. 挑战10次，若所有组员连续4次准确地接住不倒森林算挑战成功	10分钟	不倒森林道具
坐地起身	培养默契，加强沟通，强化执行，放松心情	1. 按抽签顺序先让前四个人组成一组，背对背围成一个圈，双腿并拢并伸直，游戏预备号令发出后做屈腿动作准备起身； 2. 游戏开始计时后，相邻两人手臂相挽，在不用手撑地的情况下四人同时站起来； 3. 随后依次增加小组人数，每次增加2人； 4. 每次起身分别计时，计时为1分钟，总共有两次挑战机会，连续两次起身不成功则挑战失败	10分钟	抽签纸
总结分享	工作人员总结本次活动	1. 工作人员与组员重温本次活动内容并进行总结； 2. 提醒下一次的活动时间	5分钟	
活动时间	40分钟			
预计困难	部分活动挑战对于组员来说难度比较大			
解决办法	工作人员给予适当鼓励，必要时也可以参与活动，与组员一起攻克难关			

第六节 有缘再会

活动名称	活动目标	活动内容	时间	所需物资
回顾活动	回顾上一节小组活动的内容并告知本节小组的目标	1. 工作人员带领组员简单回顾上次活动内容； 2. 告知组员这是最后一次活动	5分钟	
开火车	帮助组员认识到自己的变化，加深组员之间的了解	1. 组员排成一列，并将双手搭在前一个组员的肩上； 2. 第一个人说自己的名字，口号是"XXX的火车往哪儿开？XXX的火车往XXX那里开。" 3. 被提到的组员迅速跑到第一个位置，充当火车头，其他组员依次站好。游戏直到每个组员都被提到即可结束	10分钟	
天使留言	小组成员相互祝福	1. 工作人员事先将组员的名字分别写在纸条上放进盒子里； 2. 依次让组员随机抽取一张，在抽到的纸条上写下对其的印象和祝福，写完后依次送给组员	15分钟	姓名盒、笔、便贴纸
后测	评估组员的改变和收获	分发问卷给每一位组员填写	5分钟	问卷
总结分享	总结本次活动；小组正式结束	1. 邀请组员分享在这个小组中收获到了什么； 2. 工作人员进行总结发言，宣布小组结束； 3. 看小组视频，送纪念礼物以及合影留念	15分钟	
活动时间	40分钟			
预计困难	组员产生小组结束的离别悲伤情绪			
解决办法	工作人员进行情绪疏导，表示社工小屋依然欢迎他们的到来			

四、服务过程

服务过程包括小组前期、小组中期和小组后期，共6次活动。

（一）小组前期

第一次活动组员到齐过后，首先跟组员说明了小组活动的目标以及本节活动内容的安排和本节目标，然后开始本节活动的内容部分。首先是玩游戏"五指山"，工作人员介绍完规则后，组织组员完成各自的"五指山"，期间有组员不太明白的部分，工作人员耐心地再次讲解规则。大家完成之后，组织大家用自己的"五指山"做自我介绍。在10位组员当中，大部分能较好地完成自我介绍，其中有1名女生特别害羞和内向，不敢讲话，工作人员鼓励该组员勇敢地表达，在工作人员的引导下，组员介绍了自己喜欢吃的东西和自己的星座，然后工作人员和其他组员用掌声表达对组员的赞美。

"希望树"制定小组规则，并一起讨论对小组的希望和期待，大家积极参与写下了对小组的期待，完善了"希望树"，工作人员随后强调了小组规则，希望各位组员在之后的每节活动中都能做到。通过以上两个活动，小组成员分享了自己的感受。最后工作人员组织每个组员伸出右手，贴在一起，并齐声说："我们是同伴，我们将携手共进。"使组员进一步了解团队的概念，迈出人际交往的第一步。

第二次小组活动开始之前提醒成员朝着目标前进，遵守小组规则。完成"拼搭大比拼"和"自画像"游戏。调动了小组活动氛围，增强了组员之间的沟通。"自画像"游戏，绘画自画像，让大家观赏并对画提出疑问，绘画者进行回答。这一部分大家比较好奇和热情，对于贴上去的画提问较多，但也由于是提问的方式，没有让小组成员一一介绍自己的画，导致未能达到预期的目标。

（二）小组中期

第三次小组活动通过"击鼓传花"调动小组氛围，奠定活动基调，组织组员参与"我的盾牌"游戏，组员分别写出自己的优点和缺点，三位组员在分享过程中表现得大方自然，并表示愿意主动打开心扉，获得更多的锻炼，内向的组员也纷纷站起来，介绍自己的"盾牌"，小组逐渐有了组内团结和凝聚性。"众矢之的"环节，情景演练时，组员们都很激动，也能很好地配合，在这个过程中组员们体会到了在人际交往过程中不被他人尊重的情景。因此分享时，组员对于"众矢之的"的环节感受较深，大部分组员发表了自己的意见，总体来说，组员们都觉得人际交往的重要因素在于彼此之间要相互尊重、倾听。

第四次小组活动，首先带领组员们进行热身游戏——"乌龟与乌鸦"，氛围调动起来之后，进入活动内容，通过"找变化"，所有组员两两组队，然后一个人在身上做出三个改变，另一个组员找出来，以此让组员懂得在与朋友相处的过程中，要随时关注朋友发生的变化，主动关心朋友。"你来比画我来猜"环节，通过肢体语言表演抽到的词语，激发组员的活动兴趣。

（三）小组后期

第五次小组活动，通过"积木叠叠乐"游戏，奠定活动氛围，同时培养组员之间的沟通和合作，组员们表现得非常好。"移形换位"团队合作游戏加强了组员之间的默契和配合度。"坐地起身"让组员了解到团队合作过程中需要进行良好的沟通，小组成员在进行这项活动时，很多组员两次都没有成功，但随着彼此之间的人际交往能力的提升，最后一次终于成功了，总体上完成了本节活动预设的目标。

第六节小组活动通过"开火车"这个游戏，让所有组员最后重温一遍其他组员的名字，加深组员之间的了解，维持组员之间的关系。通过"天使留言"游戏对他人的印象和祝福，工作人员组织所有组员填写了后测问卷表，并总结了大家在小组活动中所得到的收获。以播放简短的小组成员活动视频宣布小组结束。

五、服务评估

（一）评估方法

小组结束后，对每位组员进行后测，通过问卷方式了解大家在小组中的收获和体验。

（二）评估内容

1. 组员的出勤率

本小组共计开展 6 次活动，组员共计 10 名，组员出勤率达到 100％，反映了组员对小组目标的认同和实现目标的信心。

2. 组员的参与程度

观察员通过每次小组活动的观察，80％以上的小组成员发言次数、互动次数较之小组初期明显增加。

3. 结果评估

通过问卷结果显示 100％的组员认为小组给自己带来了较好的体验，满足了自己人际交往的需求，了解了人际交往的诸多技巧，在小组活动中有所收获。

六、总结与反思

（一）具有吸引力和互动性强的活动是小组目标得以实现的基础

在小组活动设计中，社会工作者以趣味性活动穿插其中，增强了小组活动氛围，充分调动了组员的积极性，使之配合开展活动。例如："积木堆堆乐"，组员一起堆积木，以此加强组员间的人际交流和互动，在游戏中获得快乐，并通过游戏引发思考，极大地增强了组员的参与度。

（二）社会工作者应注意专业技巧的运用

在小组活动中，首先，社会工作者必须要尊重小组成员，具备同理心，及时做好对小组成员的安抚和引导。例如，在小组分享中，有的成员比较内向，这时社会工作者需要做好引导，鼓励内向组员积极发表自己的看法。其次，社会工作者要具备随机应变的能力，在小组活动中，对于一些突发情况能及时做好应对。最后，做好总结和澄清，对于每一位成员的发言，要及时进行总结澄清，促使小组成员达成共识。

附件一

"打开心扉，你我一起逐梦远航"小组需求调查问卷

　　本问卷旨在筛选小组成员，了解同学们人际交往和课余活动的基本情况，我们希望通过本次问卷调查开展关于人际交往主题的小组活动，所以请您认真完成，以达到筛选小组成员的效果，谢谢大家的配合。祝各位同学学业顺利，心想事成！

1. 您的性别是

　　A. 男生　　　　　　　　B. 女生

2. 开学以来，您在学校总体感觉如何？（单选）

　　A. 精力充沛　　　　　　　　　　B. 未感到疲劳，但也没有多余的精力

　　C. 有点疲劳　　　　　　　　　　D. 很容易疲劳

　　E. 没有太大感觉，一般

3. 您是否适应初中生活？（单选）

　　A. 非常适应　　　B. 比较适应　　　C. 一般　　　　D. 不太能适应

　　E. 非常不适应

4. 对于初中生活，您对以下哪点适应不好？（多选）

　　A. 日常生活　　　　　　　　　　B. 与老师、同学相处

　　C. 学习生活　　　　　　　　　　D. 精神状态

5. 开学初期遇到人际交往的问题，您更倾向于以下哪种方法？（单选）

　　A. 寻求家人的帮助　　　　　　　B. 寻求老师的帮助

　　C. 寻求朋友的帮助　　　　　　　D. 自己闷在心里

6. 现在您有在学校交到好朋友吗？（单选）

　　A. 有，很要好的朋友

　　B. 有，但关系一般

　　C. 没有

7. 您通常通过什么方式认识新朋友？（多选）

　　A. 同学　　　　　　B. 朋友介绍　　　C. 主动结交　　　D. 活动

　　E. 其他

8. 在非学习时，您会主动找朋友沟通交流吗？（单选）

　　A. 会　　　　　　　　　　B. 不会

9. 您与好朋友交流的频率大概是怎样的？（单选）

　　A. 一周五次以上　　　　　　　　B. 一周三到五次

　　C. 一周一次或两次　　　　　　　D. 一个月一两次

　　E. 一个学期两三次　　　　　　　F. 几乎没有

10. 您觉得在人际交往中的困惑是什么？（多选）

　　A. 与家人、亲戚相处　　　　　　B. 与异性相处

　　C. 与同性相处　　　　　　　　　D. 与老师相处

　　E. 与室友相处　　　　　　　　　F. 与新朋友相处

11. 您觉得在人际关系发展中可能的阻碍情况是什么？（多选）

    A. 课余时间不足　　　　　　　　B. 缺少同伴

    C. 自身性格　　　　　　　　　　D. 缺乏交友渠道

12. 以下哪些会影响您的人际交往？（多选）

    A. 外貌　　　　B. 性格　　　　C. 聪明程度　　　　D. 经济条件

    E. 兴趣爱好　　F. 个人修养、品味　　G. 个人习惯

13. 在人际交往中，您觉得困惑或难以应对的情况是怎样的？（多选）

    A. 当意见不一致时　　　　　　　B. 当交换秘密时

    C. 当谈及金钱时　　　　　　　　D. 当被要求或请求帮助时

    E. 当对不起他人请求宽容和谅解时　　F. 不知道关系如何长久维持时

附件二

    "打开心扉，你我一起逐梦远航"小组后测问卷

1. 您认为本小组符合您刚开始的期待吗？（单选）

    A. 是　　　　　　B. 否

2. 这个小组带给您的感受如何？（单选）

    A. 良好　　　　　B. 较好　　　　　C. 一般　　　　　D. 不好

3. 这个小组满足了您哪方面的需求？（多选）

    A. 学习　　　　　B. 交朋友　　　　C. 娱乐　　　　　D. 人际互动

4. 您是否赞同在人际交往中最重要的是与人沟通？（单选）

    A. 是　　　　　　B. 否

5. 在这个小组中，您学习到了哪些人际交往技巧？（多选）

    A. 尊重　　　　　B. 关心　　　　　C. 倾听　　　　　D. 自信

    E. 接纳　　　　　F. 沟通　　　　　G. 信任　　　　　H. 合作

6. 如果以后再遇到人际交往的问题，您更倾向于以下哪种解决方法？（多选）

    A. 寻求家人的帮助　　　　　　　B. 寻求老师的帮助

    C. 寻求朋友的帮助　　　　　　　D. 自己闷在心里

7. 接下来您是否会主动和别人交朋友？（单选）

    A. 是　　　　　　B. 否

8. 您觉得这个小组中的组员算是您的朋友吗？（单选）

    A. 算　　　　　　B. 不算

9. 您觉得您在人际交往中还存在什么困惑？（多选）

    A. 与家人、亲戚相处　　　　　　B. 与异性相处

    C. 与同性相处　　　　　　　　　D. 与老师相处

    E. 与室友相处　　　　　　　　　F. 与新朋友相处

10. 写下您新交的朋友的名字＿＿＿＿＿＿＿＿＿

案例四　初中生成长小组服务

一、案例背景

每个人都有或多或少的压力，对于正值青春期的初中生来说，学习方面的受挫，会导致他们丧失自信，对自我能力产生怀疑，从而产生极大的压力，加之家长和老师的疏忽，使学生的压力没有得到及时的释放和疏导，容易造成学生自我封闭，甚至是自我排斥。而随着网络文化的不断发展，无法释放压力的他们会渐渐沉迷于网络世界，导致其缺乏正确处理人际关系的能力，人际交往成了一个大问题，初中生自我意识迅速发展和思维能力显著提升的心理特点，决定了初中生的情绪体验有其特殊的方面，时而敏感多虑，时而焦躁不安，时而孤独恐惧，时而欣喜若狂等。因此，开展"成长伴你行"青少年成长小组至关重要，可以帮助初中生更好地认识压力，释放自我，增强自信，正确面对自我。在人际交往中，通过与其他组员的合作互动，可以锻炼初中生的协调能力、合作能力。

二、需求分析

（一）服务需求

对于正值青春期的初中生来说，由于青春期的心理特征，他们容易产生叛逆心理，也容易对其进行自我否定，缺乏人际交往能力。因此有必要开展成长小组活动，帮助初中生认知自我，提高自信心，增强人际交往的能力。

（二）理论分析

1. 优势视角

优势视角是一种关注人的内在力量和优势资源的视角，意味着把服务对象及所处环境中的优势和资源作为焦点，而非关注问题。优势视角基于这样一种信念：个人所具备的能力和资源允许他们能够有效应对生活中的挑战。每个人都有自己的资源和优势，协助他们发现和发掘自身潜能，从而提升其自我。

2. 社会学习理论

社会学习理论强调个人的行为是由个人与环境的交互作用决定的，人的大部分社会行为是通过观察别人、模仿别人而学会的。小组活动将为他们营造一个良好的交互环境，使他们在这个活动中通过观察、学习获得认知的改变，增强交往互助性，学会关心他人。

三、服务计划

(一) 服务目标

1. 总体目标

让组员学会认识自我、认识情绪、学会分享；让组员通过游戏带来的乐趣，培养团队意识，增强人际交往意识，将健康的行为理念植入心里，从而促进健康成长。

2. 具体目标

(1) 学会自我认识，增强自信心。

(2) 认识情绪，正确表达自我情绪。

(3) 发展人际关系，学会付出与分享，增强团队合作能力。

(二) 服务信息

(1) 小组名称："成长伴我行"青少年成长小组。

(2) 小组类型：成长小组。

(3) 小组时间：2021 年 9 月—2021 年 10 月每周六开展，共 5 节。

(4) 小组人数：Y 学校 10 名初中生。

(三) 服务内容

本小组共分为 5 次活动，围绕初中生自我认识、自我情绪以及人际关系设定了不同的目标和主题，具体情况见表 4-3 所示。

表 4-3　青少年成长小组服务目标及内容安排

节次/主题	阶段目标	活动内容
第一节"独木不成林"	1. 组员之间互相熟悉，消除隔阂； 2. 制定小组契约，以便小组活动的顺利进行。 3. 通过小组活动，提高组员的沟通技巧和团队能力； 4. 通过组员之间的相互交流、技能分享，实现组员之间的互助成长	1. 组员自我介绍，彼此之间认识； 2. 工作人员分发 A4 张，让同学们订立小组规则，并盖手印； 3. 通过"请抱拳"游戏考验大家的脑筋反应力和舌头灵活力，提升活动氛围； 4. 通过"七手八脚"游戏，明确每个人在团队中扮演的角色不同； 5. 通过"谁是卧底"游戏，培养团队成员的沟通意识，加强团队成员之间的友谊； 6. 通过"爱的抱抱"，增加大家的参与程度，提高团队的凝聚力，检验大家的反应能力，明确团队合作的重要性

续表

节次/主题	阶段目标	活动内容
第二节"青春万万岁"	1. 帮助同学们认识压力、了解如何缓解压力； 2. 引导同学们积极面对压力，做好压力调适； 3. 帮助同学们培养自信，正确和积极地面对学习和自我	1. 社会工作者带领组员回顾上次活动内容，并讲述本次活动将进行哪些环节； 2. "照镜子"游戏：活跃小组的气氛，营造轻松的环境； 3. 分享压力：组员分享自己的压力和舒缓压力的方式； 4. 认识压力：以PPT形式向同学们介绍压力的含义，在日常和学习中有哪些压力源；如何正确面对压力，如何缓解压力； 5. "明三暗三"游戏：加强小组互动； 6. 工作人员给每位组员分发一张小纸条，让组员写给未来的自己面对压力时该如何克服，时限截止到期末
第三节"友来友往"	1. 通过小组的互动和分享，培养并促进小组成员正面成长的能力； 2. 协助小组成员尊重他人意识，学习理解、接纳他人；学会倾听，学会欣赏他人； 3. 协助小组成员重新认识自我，寻找自身优势，提升自信心，正确处理与同学的人际关系	1. 工作人员简单介绍小组的主题，并强调小组规范； 2. "击鼓传花"游戏：用沙包击鼓传花，音乐停止，手中有沙包的组员进行自我介绍； 3. 谈一谈：在生活中，有没有与同学相处不愉快的，大家一起讨论处理正确人际关系的好办法； 4. 组员共同在白纸上完成一幅画，一人完成一部分，不停传递，直到完成为止，并在画上署名； 5. 每位组员在纸张上写下一句对朋友赞美的话，并在课下交给他
第四节"我的情绪我做主"	1. 了解基本的情绪类型以及情绪的影响作用，认识基本情绪调节方法； 2. 能在日常生活中应用有效方法来调节不良情绪； 3. 更多地了解良好的情绪对生活的积极意义，并始终保持乐观、积极、开朗的心境	1. 工作人员带领组员回顾上次活动的主要内容和游戏规则； 2. "正话反说"游戏：工作人员说一个词语，参与者要反着说一遍，说错或者停顿，思考者受惩罚，惩罚为做五个俯卧撑； 3. 情绪体验：工作人员列出诸多情形，要求学生站起来，放松肌肉，认真听并且想象自己遇到这种情形会怎样感受；思考：当你听到某个情景时，你体验到了与之对应的情绪吗？你是怎样了解自己所表现出的情绪是否是准确的？ 4. 绘本阅读：《我的情绪小怪兽》，工作人员阅读并分享绘本，邀请组员思考问题，分小组讨论； 5. "我的情绪秀"：工作人员分发组员小卡纸，引导组员发挥想象，描绘各种情绪图片，汇总展示

节次/主题	阶段目标	活动内容
第五节"阳光分享秀"	1. 复习并总结前四次活动的内容； 2. 加深组员对活动内容的认识； 3. 总结活动内容，整理活动现场	1. 工作人员回顾和总结前四节的主旨，加深组员对情绪的认识以及人际关系、团结合作的重要性；加强组员自信培养； 2. 工作人员组织组员围成圈，并对他人进行感谢和祝福； 3. 工作人员总结本次活动的内容，回顾之前内容；组织组员离场，并整理活动现场，打扫卫生

四、服务过程

（一）小组前期

小组前期有两个目标，一是消除组员的陌生感，增强组员联系；二是帮助组员认识压力，提高自信心。小组开始阶段，组员来到活动场地后围坐在一起较少进行主动联系，因此通过开展游戏"大家请抱圈""七手八脚""谁是卧底""爱的抱抱"，消除组员的陌生感，促进组员之间的交流，同时也让组员体会到游戏的乐趣，以及在游戏中明白团结合作的重要性。经过这次之后组员开始相互打招呼，活动过程中彼此之间的交流也在逐步增加，建立了信任感。为了促进组员对小组的认识，社会工作者为组员详细介绍了小组的目标、性质和活动内容，并带领组员制定了小组契约，同时告诉组员需一起遵守小组契约，以文字的方式撰写了小组契约并张贴在黑板上随时提醒组员。

另外以 PPT 形式向组员介绍压力的含义，在日常和学习中有哪些压力源；如何正确面对压力，如何缓解压力。社会工作者带领组员一起释放内心的情绪，放松心情，刚开始有些组员比较羞涩，但是随着其他组员的带动，越来越多的组员参与到小组活动中，并在这个过程中组员之间互相鼓励和安慰。

（二）小组中期

小组中期主要围绕处理人际关系的方法、情绪的舒缓这两方面进行开展。随着小组活动的开展，组员之间的联系更加密切。首先通过"击鼓传花"的游戏，调动组员的兴趣，营造积极的活动氛围。然后，组员被分成三个小组围圈坐下，讨论生活中处理人际关系的方法。给每个小组发放一张白纸，让组员在白纸上画画，组内传递，共同形成一幅画，并在画上署名。完成之后，工作人员又给每位组员发放一张小纸条，写下一句对朋友赞美的话，并在下课后交给朋友。通过这种体验式活动，组员在团队中结识了新的朋友，释放了内心的压力，提高了自信心，增强了处理人际关系的能力。

通过《我的情绪小怪兽》绘本分享，使组员思考讨论，生活中这些情绪从哪里来；如何舒缓情绪，并进行分享，通过分享组员对情绪有了更加深刻的认识，也掌握了更多舒缓情绪的方法。

（三）小组后期

工作人员回顾和总结前四节的主旨，加深组员对情绪的认识以及人际关系、团结合作的重要性；加强组员自信培养；组织组员对他人进行感谢和祝福；总结本次活动的内容，组织组员离场，整理活动现场，打扫卫生。

五、服务评估

（一）评估方法

（1）访谈法：每节小组活动结束后，对组员进行访谈，通过访谈了解大家对活动的收获和体验。

（2）观察法：社会工作者作为活动的主导者和观察者，在小组活动中观察组员在活动中的互动情况、投入情况和能力表现，以及社会工作者的互动情况和专业技巧运用情况。

（二）评估内容

1. 组员的出勤率

本小组共计开展 5 次活动，组员共计 10 名，组员出勤率达到 100%，反映了组员对小组目标的认同和实现目标的信心。

2. 组员表现

活动前期，组员之间比较陌生和拘谨，活动参与积极性不高，但随着小组活动的推进，组员之间越来越熟悉，在小组活动中组员彼此间的互动增加，参与活动的积极性不断提高。

3. 小组效果

本次小组共 5 节活动，每节活动结束后，都会对组员进行访谈，以此了解组员对本次活动的感受和建议。通过访谈得知，组员在活动中都有较好的体验，也有相应的收获。组员甲说："这次活动我觉得很有意义，在生活中我是一个不太爱分享的人，也就导致我有很多的压力，不愿告诉别人，参加了这次小组活动后，我学会了分享，也学会了及时去消除自己的压力，以免出现不良情绪。"

六、反思和结论

（一）社会工作者要多角色发挥帮助初中生成长

社会工作者在小组开展中，主要发挥教育者、提供者和支持者的角色。小组前期，社会工作者主要发挥教育者的角色，通过分享压力的概念、压力的来源，以及舒缓压力的方式，促进组员获得更多的信息。在小组中后期，社会工作者主要扮演提供者和支持者的角色，引导组员释放压力，增强人际交往的能力，从而提高自信心。

（二）社会工作者应调动多方力量帮助初中生成长

家庭、同龄群体、学校、大众传媒均为个人社会化的场所，初中生的成长需要多方力量一起协助，社会工作者可以多方链接资源，给予初中生更多的关心、支持理解和认可，帮助初中生一起成长。

案例五　中学生人际交往小组服务

一、案例背景

每个人都有或多或少的压力，对于正值青春期的初中生来说，在学习方面的受挫，可能会导致他们丧失自信，怀疑自己的能力，从而产生极大的压力，加之家长的忙碌，学校老师也无法面面俱到关怀到每一位学生的点点滴滴，出现部分学生的压力没有被引起重视的情况，导致学生自我封闭，甚至是自我排斥。同时，中学生所接触的事物越来越多，认识事物越来越早，从而导致他们的交际范围越来越广。随着网络文化的不断发展，他们沉迷于网络世界，缺乏正确处理人际关系的能力，人际交往成了一个大问题，许多的因素导致初中生的人际交往更复杂和困难。初中生自我意识迅速发展和思维能力显著提升的心理特点，决定了初中生的情绪体验有其特殊的方面，时而敏感多虑，时而焦躁不安，时而孤独恐惧，时而欣喜若狂等。因此，开展了此次活动。

二、需求分析

（一）服务需求

开展小组活动，帮助学生更好地认识压力，释放自我、增强自信，正确面对自我。在人际交往中，通过与其他组员的合作互动，可以锻炼初中生的协调能力、合作能力。同时，在人际交往中，通过不断体验和感受他人评价及不断调整自我评价，逐渐走出幼稚、依赖、偏激、封闭的状态，并逐渐使自己更加成熟、独立、理性和开放。在与组员的互动中，发挥团结合作的精神。所以活动是为了让学生了解基本的情绪类型及不同情绪的影响作用，了解情绪调节的规律对身心健康有着重要的意义，并逐步掌握调节情绪的有效方法，以便在日常生活中克服消极的情绪，保持乐观积极的心境。最终，初中生学会积极参与各种交往活动，形成健康、和谐的人际关系。

（二）理论分析

1. 优势视角

优势视角是一种关注人的内在力量和优势资源的视角，意味着把服务对象及所处环境中的优势和资源作为焦点，而非关注问题。优势视角基于这样一种信念：个人所具备的能力和资源允许他们能够有效应对生活中的挑战。每个人都有自己的资源和优势，协助他们发现和发掘自身潜能，从而提升自我。

2. 社会学习理论

社会学习理论强调个人的行为是由个人与环境的交互作用决定的，人的大部分社会行为是通过观察别人、模仿别人而学会的。小组活动将为他们营造一个良好的交互环境，使他们在这个活动中通过观察、学习获得认知的改变，增强交往互助性，学会关心他人。

3. 团体动力学

每个团体都具有多方面的影响力，小组组员借助于团体的影响和其他组员的影响达成自己的改变。

4. 班杜拉社会学习理论

所谓社会学习理论，班杜拉认为是探讨个人的认知、行为与环境因素三者及其交互作用对人类行为的影响，他认为，人的行为习得有两种不同的过程，一是通过直接经验获得行为反应模式的过程，另一种是通过观察示范者的行为而习得行为的过程，社会学习理论强调后一种观察学习或模仿学习的作用。[①]

团体旨在通过一系列互动，以训练组员自我认知能力、心理抗压能力和沟通协调能力，强化组员的综合能力素质。

三、服务计划

（一）服务目标

1. 总目标

让参加小组活动的服务对象在参加活动过程中，学会认识自我、认识情绪，学会分享；让学生通过游戏带来的乐趣，培养团队意识，也让他们在欢乐之余增强了人际交往意识，将健康的行为理念植入他们的心里，从而促进健康成长。

2. 分目标

（1）让组员学会自我认识，增强自信心。

（2）帮助组员认识情绪，能够正确表达自我情绪。

（3）帮助组员意识到自己是独一无二的，发展自己的人际关系。

（4）让组员学会付出和分享。

（二）服务信息

（1）小组名称："解锁朋友圈"人际交往小组。

（2）小组对象：JL 中学七八年级学生 10 人。

（3）小组性质：成长性小组。

（4）小组时间：2020 年 12 月—2021 年 1 月，共 5 次活动。

---

① 木铎社工. 社会工作常用的基本理论［EB/EO］. 2020－04－21/2023－03－10. http：//www.muduo.org.cn/shegongshiye/582.html.

（5）小组地点：学校活动室。

（6）招募形式：班主任推荐；张贴海报招募。

（三）服务内容

本小组共分为 5 次活动，围绕中学生人际交往，社会工作者为每次活动设定了不同的目标和主题，具体情况如表 4-4 所示。

表 4-4　中学生人际交往阶段目标及内容安排

节次/主题	阶段目标	活动内容
第一节"独木不成林"	1. 组员之间互相熟悉，消除隔阂； 2. 通过小组活动，提高组员的沟通技巧和团队能力； 3. 通过组员之间的相互交流、技能分享，实现组员之间的互助成长	1. 社会工作者带领组员做自我介绍，让他们彼此之间认识； 2. "大家请抱拳"游戏：考验大家的脑筋反应力和舌头灵活力，提升活动氛围； 3. "七手八脚"游戏：懂得在团队中合作的重要性，明确每个人在团队中扮演的角色不同； 4. "谁是卧底"游戏：培养团队成员的沟通意识，加强团队成员之间的友谊； 5. "爱的抱抱"：增加大家的参与程度，提高团队的凝聚力，检验大家的反应能力，明白团队合作的重要性
第二节"青春万万岁"	1. 帮助同学们认识压力、了解如何缓解压力； 2. 引导同学们积极面对压力，做好压力调适； 3. 帮助同学们培养自信，正确和积极地面对学习和自我	1. 社会工作者带领小朋友复习上次活动内容，并讲述本次活动将进行哪些环节； 2. "照镜子"游戏：活跃小组的气氛，营造轻松的环境； 3. 分享压力：同学们分享自己的压力和舒缓压力的方式； 4. 认识压力：以 PPT 形式向同学们介绍压力的含义，在日常和学习中有哪些压力源；如何正确面对压力，如何缓解压力； 5. "明三暗三"游戏：加强小组互动； 6. 社会工作者给每位同学分发一张小纸条，让同学们写给未来的自己面对压力时该如何克服，时限截止到期末
第三节"友来友往"	1. 通过小组的互动和分享，培养并促进小组成员正面成长的能力； 2. 协助小组成员尊重他人意识，学习理解、接纳他人；学会倾听，学会欣赏他人； 3. 协助小组成员重新认识自我，寻找自身优势，提升自信心，正确处理与同学的人际关系	1. 社会工作者先简单介绍小组的主题，并强调小组规范； 2. "击鼓传花"游戏，用沙包击鼓传花，音乐停止，手中有沙包的组员进行自我介绍； 3. 谈一谈：在生活中，有没有与同学相处不愉快的，大家一起讨论处理正确人际关系的好办法； 4. 同学们共同在白纸上完成一幅画，一人完成一部分，不停传递，直到完成为止，并在画上署名； 5. 每位同学在纸张上写下一句对朋友赞美的话，并在课下交给他

续表

节次/主题	阶段目标	活动内容
第四节"我的情绪我做主"	1. 了解基本的情绪类型以及情绪的影响作用，认识基本情绪调节方法； 2. 能在日常生活中应用有效方法来调节不良情绪； 3. 更多地了解良好的情绪对生活的积极意义，并始终保持乐观、积极、开朗的心境	1. 社会工作者带领小朋友复习上次活动的主要内容； 2. "正话反说"游戏：社会工作者说一个词语，参与者要反着说一遍，说错或者停顿，思考者受惩罚，惩罚为做五个俯卧撑； 3. 情绪体验：社会工作者会列出很多的情形，要求学生站起来，放松肌肉，认真听并且想象自己遇到这种情形会怎样感受。思考：当你听到某个情景时，你体验到了与之对应的情绪吗？你是怎样了解自己所表现出的情绪是否是准确的？ 4. 绘本阅读：《我的情绪小怪兽》，社会工作者阅读并分享绘本，邀请同学们思考几个问题，分小组讨论； 5. "我的情绪秀"：社会工作者分发给同学们小卡纸，引导同学们发挥想象，描绘各种情绪图片，汇总展示。
第五节"阳光分享秀"	1. 复习并总结前四次活动的内容； 2. 加深组员对活动内容的认识； 3. 总结活动内容，整理活动现场	1. 社会工作者复习和总结前四节的主旨，复习四种基本情绪，加深组员对情绪的认识，让组员了解团结合作的重要性，加强培养自信； 2. 社会工作者组织小朋友们围成圈，每个人都可以得到来自所有人的感谢和祝福； 3. 社会工作者总结本次活动的内容，回顾之前内容；组织小朋友离场，并整理活动现场，打扫卫生

四、服务过程

（一）第一节："独木不成林"

1. 过程

首先，社会工作者先介绍这节活动的主要内容，向组员解释活动的目的，明确小组的规范。其次，社会工作者讲述游戏规则，组员各自取一个代号，在社会工作者的指令下开始游戏"大家请抱圈"。然后，组员在社会工作者的指令下，与组员沟通，合力完成游戏"七手八脚""谁是卧底""爱的抱抱"，组员在游戏中团结合作，感受合作的重要性。最后，通过组员之间的相互交流、技能分享，实现组员之间的互助成长。

2. 效果

在第一节活动中，组员之间互相熟悉，消除了隔阂，也慢慢地建立了互相之间的信任关系。

（二）第二节："青春万万岁"

1. 过程

首先，社会工作者先做自我介绍，并简单地介绍了工作坊的主题。社会工作者邀请组员们自我介绍，相互认识。再通过游戏互动，打破组员之间的隔阂，让组员放松心情，更加愉快地进入接下来的活动。其次，组员们分享自己的压力和舒缓压力的方式。然后，社会工作者以 PPT 形式向同学们介绍压力的含义，在日常和学习中有哪些压力源；如何正确面对压力，如何缓解压力。接下来，通过游戏的形式带领学生释放内心的情绪，放松心情。最后，社会工作者给每位同学分发一张小纸条，让同学们写给未来的自己面对压力时该如何克服。

2. 效果

虽然这次活动只有短短的一节，但是活动效果却很不错。刚开始大家还有一点羞涩，慢慢地，同学们积极参与、踊跃发言，还有几个同学真情流露，向大家展示了自己的真情实感。同学们彼此安慰、互相鼓励，共同寻找解决压力的办法。活动最后每个人都写下了自己解决压力的办法以此勉励自己，并会在期末的时候再来取走自己的纸条，看自己是否做到。总得来说，活动的基本目标达成。

（三）第三节："友来友往"

1. 过程

社会工作者先是简单介绍了本节活动的主题和相关规范，然后社会工作者邀请了同学们进行"击鼓传花"的游戏，以这种放松的形式来帮助同学们互相自我介绍、彼此认识、建立关系，同时调动同学们的兴趣，营造积极的活动氛围。社会工作者请同学们分为三个小组坐下围成圈，组内讨论自己如何处理人际关系。接下来，社会工作者给每个小组发放了一张白纸，让每个同学在白纸上画画，组内传递，共同形成一幅画，并在画上署名。完成之后，社会工作者又给每位同学发放了一张小纸条，并邀请他们在纸条上写下一句对朋友赞美的话，并在下课后交给朋友。

在活动过程中，有三位同学起了冲突，扰乱了活动秩序，并且其中一位同学在活动快要结束时便哭了起来。还有一位同学拒绝参与活动，但是自己在一旁做自己的事。

2. 效果

让来自各个年级、各个班级的学生从互不认识到相互认识，从陌生到熟悉，结下友谊。在活动中，有个别学生比较抗拒参与，沉浸在自己的世界里，不与队员沟通交流，比较被动，没有取得特别明显的改变。根据活动后社会工作者的了解，他比较想在教室自习，做作业。总体来说，通过各种体验式活动，让学生在团队活动中结识了新的朋友，学习彼此的优点，共同进步。让学生在活动中释放内心的压力，提高自信，培养学生处理人际关系的能力，活动达到了一定的预期效果。

（四）第四节："我的情绪我做主"

1. 过程

第一个环节是热身游戏"正话反说"，观察员准备了四十个成语，社会工作者在活动中说一个成语，参与者就需要反着说一遍，说错者或停顿者需要接受做俯卧撑的惩罚，游戏一共进行了两轮，在轻松的环境中很快就调动起了气氛。随后社会工作者要求每位学生站起来，放松肌肉，她会列举十个场景，需要同学们认真听并且想象自己遇到这种情形会怎样感受。整个过程中不用提问也不要睁开眼，自己慢慢去感受，然后再一起讨论分享：当你听到某个情景时，你体验到了与之对应的情绪吗？你是怎样了解自己所表现出的情绪是否是准确的呢？在分享的环节中每个同学都说出了自己内心的真实感受，有的同学还以自己在生活中发生的事情举例。下一个环节，社会工作者进行了《我的情绪小怪兽》绘本分享，邀请同学们思考并小组讨论以下几个问题：在生活中，这些情绪都是从哪里来的呢？你平时是如何舒缓情绪的呢？互相分享一下，有没有更好的舒缓情绪的办法。最后，社会工作者分发给每位同学一张小纸条，希望每位同学在上面画下属于自己的情绪表情或者表情包。因为时间不够，交给同学们回家去完成。

2. 效果

学生对于情绪的概念很模糊，当被情绪折磨时不知道自己应该做什么。通过各种主题活动，让来自不同年级的学生体验情绪，认识自己的情绪，接纳自我的情绪，从而学会管理和掌控自我情绪。在小组中，组员分享各自的情绪体验，在情绪体验中认识自己的情绪。在小组中，让学生了解到情绪有正负之分，但情绪没有对错，情绪的起伏变化是很正常的，活动达到了一定的预期效果。

（五）第五节："阳光分享秀"

1. 过程

首先，社会工作者复习和总结前四节的主旨，复习四种基本情绪，加深组员对情绪的认识；让组员回顾团结合作的重要性；加强培养自信。其次，社会工作者组织小朋友们围成圈，每个人都可以得到来自所有人的感谢和祝福。最后，社会工作者总结本次活动的内容，回顾之前的内容；组织小朋友离场，并整理活动现场，打扫卫生。

2. 效果

组员王 X，喜欢打断社会工作者的讲话，按照自己的意愿行事，在活动中一直看手中的书，完全不遵守小组的规范。组员郝 XX，在最后一次活动上比较沉默和难过，有点舍不得活动的结束。从整体上来看，小组活动达成了预期目标。

五、服务评估

（一）评估方法

小组服务主要采用质性方法进行过程成效和结果成效评估。过程中采用观察法评估服务过程中服务对象的参与情况和变化；通过分析服务资料，评估服务对象总体成长情况；通过小组分享交流，了解服务对象的收获、满意程度和建议。

（二）评估内容

此活动让来自各个年级、各个班级的学生从互不认识到相互认识，从陌生到熟悉，结下友谊。在服务过程中，有个别学生从开始参与活动起，就比较抗拒，沉浸在自己的世界里，不与队员沟通交流，比较被动，没有取得特别明显的改变。总体来说，通过各种体验式活动，让学生认识自己，让学生在团结合作中学习彼此的优点，共同进步；让学生在活动中释放内心的压力，提高自信，培养学生解决问题、应对困难的能力。此次活动达到了预期效果。

六、总结与反思

在整个小组服务过程中，社会工作者较为全面地关注到了每一个组员，有个别组员比较沉默，沉浸在自己的世界里。社会工作者通过各种尝试让他和组员互动，比较有成效，他也跨出内心的一小步，和组员一起阅读绘本。组员主动和他交流，他也会和组员简短地交流。同时，社会工作者也非常尊重组员的意愿，尊重他们的意见。在与队员相处时，平等沟通和交流，尊重他们的价值观。

当然，还存在一些不足之处。在活动开始之初，社会工作者的引导能力比较缺乏，在大家都有些陌生的环境里，多是社会工作者在说话，组员比较沉默，社会工作者没有正确营造小组的氛围，让组员融入小组中。在活动过程中，社会工作者没有树立威信，有个别组员比较好动，不听指挥，社会工作者说的话他置之不理，依然我行我素，爱表现自己。在最后一次活动中，回顾前面的内容，当问到思考的问题时，队员更多地是把目光转向社会工作者，寻求社会工作者的提示，在前面几次活动中，当他们不认真听活动规则时，社会工作者不断重复规则，给他们提供外力帮助，让小队成员产生依赖的心理。

在未来的服务中，社会工作者要注意组员的个性特点和多元需求，在服务过程中更多地需要组员自己去探索，不能一味地为组员提供外力帮助，要依靠他们自身的能力。同时，社会工作者需要注意原则，在活动中让组员清楚明白规则以及遵守规则。

第五部分　整合性社会工作服务案例

案例一　"青年之家"综合服务

一、案例背景

青年是国家的未来、民族的希望。青年兴则民族兴，青年强则国家强。促进青年更好成长、更快发展，是国家的基础性、战略性工程。近年来 W 区团委大力落实推进团中央联合其他部门制定并下发的《关于加强青少年事务社会工作专业人才队伍建设的意见》，在全区各镇街建立青年之家阵地，深入青年群体，服务社区周边青年，培养了一支青少年事务专职社会工作队伍，购买了青少年事务社会工作专职岗位，为落地社区及全区青少年提供了丰富的服务，发挥了"青年之家"是青年身边的团组织，是引领凝聚青年、组织动员青年、联系服务青年的枢纽平台的积极作用。随着服务推进，如何进一步利用好"青年之家"阵地平台，紧握青少年事务专职队伍的抓手，整合各镇街团委资源，以万春、天府"青年之家"为样板，引领全区各镇街建设好"青年之家"阵地，开展好青年服务，是 W 区团委及 A 社会工作服务中心的工作重点。

二、需求分析

（一）服务需求

在近几年的推动过程中，W 区"青年之家"阵地建设与青年服务工作仍然面临一些需要破解的难题。

（1）各镇街"青年之家"发展不均衡，有的镇街"青年之家"阵地不仅建设得好，服务也开展得好，有些镇街由于人手少，地处偏远，"青年之家"服务开展相对薄弱。

（2）社会高速发展，人口流动性加强，W 区青年人口结构多样化，需求多样化，前期服务还不够深入，不能满足青年的精细化需求。

（3）服务活动开展量大，每个星期都有 3～4 场活动，但是活动多数规模小，影响力小，活动效果弱。

（4）驻 W 区高校 13 所，高校青年聚集，高级青年人才甚多，怎样通过服务让青年通过参与社会公益，愿意扎根 W 区。

（5）突发的疫情，给很多青少年及家庭带来的不只是生活上的影响，对心理影响也很巨大，怎么在服务中开展普法维权、心理疏导服务，助力青少年的健康成长。

（二）理论分析

1. 优势视角

优势视角，是一种关注人的内在力量和优势资源的视角。意味着应当把人们及其环境中的优势和资源作为社会工作助人过程中所关注的焦点，而非关注其问题和病理。优势视角基于这样一种信念即个人所具备的能力及其内部资源允许他们能够有效地应对生活中的挑战。在服务过程中，我们应该挖掘青少年的潜能，相信他们具有优势资源，有能力做出改变。

2. 生态系统理论

生态系统理论的关键在于将服务对象放在一个系统之中，将服务对象与其所生活的环境作为一个完整的整体看待，通过改变系统来实现个人需求的满足。青年之家阵地从青少年赖以生存的社区、家庭、学校环境出发，为青少年成长创造有利条件。

三、服务计划

（一）服务目标

在一年项目周期内，以万春、天府"青年之家"为引领，带动发展较薄弱镇街的青年，凝聚周围青少年，关心青少年成长发展，促使其能与他人、与社区、与学校、与家庭、与社会产生积极正能量的联接，能更加健康快乐地成长，从而提高全区"青年之家"整体的影响力和服务能力。

（二）具体计划

1. "青年之家"社会工作督导岗1名

切实做好上传下达工作，与团委、机构、其他岗位社会工作者以及项目落地社区及其他相关部门保持良好的沟通，盘活阵地资源，定时督查社会工作者的服务情况，了解服务对象评价反馈，开展社会工作实务培训以及志愿者督导培训，解决社会工作者工作中遇到的困难，疏解社会工作者情绪，处理服务中的投诉与建议。

（1）督查青年之家活动有序开展：带领社会工作者以"天府青年之家""万春青年之家"为引领，设计有特色、有新意的连续性社会工作项目，除了保障青少年到阵地有活动可以参与外，深入各镇街、各中小学将服务送出去。

（2）岗位社会工作者专业能力提升：针对岗位社会工作者开展一对一督导服务及实务能力培训，每月至少1次，督查工作进度，解决工作中的难题。

（3）志愿者督导培训：积极联结高校、企业、机关单位等，引导其参与志愿服务，成立志愿者服务团队，并定期开展有关志愿服务精神、志愿服务技巧、志愿者相互支持等方面的督导培训。

2. 青少年普法维权社会工作岗 1 名

充分利用 W 区各中小学、各高校、社区等资源，以普法宣传和特殊关爱两种形式覆盖全区青少年。通过维权小剧场、普法小桌游向辖区内青少年普及法律知识，提高青少年的自我保护意识和能力；联合各镇街团委，针对特殊青少年群体开展困境关爱活动，避免青少年产生不正常的社会化倾向和自我伤害。

（1）"法与少年"普法维权小剧场

招募社区和学校青年志愿者，联系专业老师指导志愿者进行排练，在 W 区各社区巡演。开展此类活动不少于 15 次。

社会工作者与志愿者一同就当下热议的法律知识进行讨论和筛选，共同确定小剧场的主题，提升志愿者的参与程度。

由专业老师向志愿者提供指导，保证小剧场效果呈现，吸引更多人讨论相关法律知识。

（2）"阳光少年"抗逆力团辅游戏营

抗逆力团辅游戏设计——由社会工作者主导，抗逆力理论支持，与高校心理专业社团合作，在专业顾问的指导下，设计一套中小学生抗逆力团辅游戏体验课程，引导青少年积极正确面对成长中的问题，提高其受挫能力。

抗逆力团辅游戏体验——选取试点学校，开展志愿者试玩、中小学同学试玩，搜集参与者的体验反馈，及时修正完善，再投放至各中小学，以班级为单位开展体验活动，在游戏中普及健康心理知识，帮助青少年提升抗逆力。开展服务活动 10 次。

（3）"爱与少年"青春护航

积极联合各镇街团委，针对辖区内贫困家庭青少年、残疾青少年、农村留守儿童、服刑人员未成年子女、流浪乞讨未成年人等特殊青少年群体开展关爱帮扶和支持服务。开展此类活动 4 次。

3. 志愿者建设管理社会工作岗 1 名

（1）阵地志愿服务项目

针对各高校志愿者队伍自身特色，通过志愿者队伍的管理建设，结合万春、天府"青年之家"实际情况以及辖区内青少年需求，协助各队伍包装品牌化的志愿服务项目在阵地开展服务。

① "传统文化讲堂"。大运会即将在成都举行，将 W 区的特色传统文化在项目中通过系列活动展示出来，形成独具特色的名片，让世界感受中华传统文化的美，让青少年体验传统文化，感受到"老成都、老 W 区"的魅力。

② "财经素养营会"。结合西南财经大学的专业特色和青少年财商教育重要性的背景，在万春、天府"青年之家"开展"财商素养冬令营"，促使青少年理解金钱，形成健康向上的金钱观、价值观。

③ "书"你相伴。结合家长志愿者队伍的特点，开展绘本故事分享活动，激发辖区青

少年的阅读兴趣，用优质绘本启迪青少年的美好人生，传递正确的价值观、人生观、世界观。

（2）品牌化志愿服务项目

①"青年讲给少年听"励志讲堂。挖掘高校志愿者资源，联络优秀大学生，开展优秀青年榜样励志讲堂，走进了中小学，以优秀大学生为榜样，开展"给未来的自己"等成长经验演讲会 4 次，以优秀大学生实际学习经验为例，引导中学生奋发努力，做到最好的自己。

②"青·爱"中学团员志愿者服务。前期"青·爱"项目开展效果甚好，本周期项目将继续结合"青·爱"中学团员志愿者服务队的实际情况，开展寒暑假社区志愿服务，促进中学生参与社会实践，充分发挥中学团员志愿者的先进性、模范性，引导其参与思想引领、助老助困、文明劝导等丰富多彩的志愿活动。

③"童眼看 W 区 2.0"以青少年视角探索 W 区。一个地区的发展建设离不开每个群体的共同推动，以青少年活动为载体，打卡 W 区的地方特色（地标建筑、美食美店、新奇发布、传统文化等），使青少年感受家乡的发展，以青少年视角提出家乡发展建设建议，助力 W 区发展。

（3）志愿加油站——志愿者团建培训

建立完善的志愿者管理制度、激励制度，针对志愿者队伍开展培训团建支持性服务，宣扬志愿者精神，提升志愿服务能力。开展志愿者队伍团建不少于 4 次，志愿服务培训不少于每月 6 次。

（4）"爱成都·迎大运"——"青春向前冲"公益跑团系列活动

配合团区委围绕"爱成都·迎大运"、青年友好城市营造共建共治共享行动等各项工作。本岗位设计开展"爱成都·迎大运"——"青春向前冲"公益跑团系列活动，吸引当地高校志愿者、青年参与跑团，通过奔跑独具 W 区特色的路线，宣传 W 区，让更多人了解 W 区、留在 W 区。

4. 青少年家庭社会工作岗位 1 名

（1）"爱的五种语言"亲子活动

①爱·沟通。组织辖区内亲子家庭开展家庭关系讲座、沟通艺术培训等，开展"宝贝有话说""你不知道的爸妈"等形式多样的分享会、互动活动。以此让亲子间学会沟通，学会彼此理解，年度开展此类活动不少于 4 次。

②爱·陪伴。组织亲子家庭开展亲子手工、烘焙等互动活动，在活动的过程中，拉近亲子间的距离，增进亲子关系。年度开展此类活动不少于 8 次。

③爱·阅读。定期组织亲子家庭开展阅读活动，通过亲子共读，以书为媒，以阅读为纽带，让父母与孩子共同学习，创造亲子间沟通的机会，分享读书的感动和乐趣。年度开展此活动不少于 8 次。

④爱·规则。通过开展家庭会议、角色扮演等方式，帮助家庭成员制定家庭规则，使

家庭成员更好地扮演家庭中的角色，共同寻找解决家庭矛盾的方式，促进家庭和谐。年度开展此活动不少于 4 次。

⑤爱·成长。组织亲子家庭开展游园会、家庭才艺秀、出游等，展示家庭风采，增进亲子感情。年度开展此类活动不少于 4 次。

（2）青年家长增能服务

定期开展以不同内容为主题的青年家长交流会、分享会、沙龙等活动，为青年家长提供沟通交流的平台，为青年家长提供支持和帮助。年度开展此类活动不少于 4 次。

5. 综合事务社会工作岗位职责

（1）协助做好团区委政策宣传与解释工作，充分运用各种媒体、微信微博公众平台、APP 等方式，大力宣传青少年之家的各项服务，努力营造和谐的关爱青少年氛围。

（2）每周末定时报送活动微信推文，每月末定时上报工作简报。

（3）每年编撰一册阵地活动实例专刊，集中展示 W 区关爱青少年成果展及优秀案例。

（4）协助团区委完成其他临时、重大、紧急事务。

四、服务过程

2020－2021 年，W 区团属青年之家持续发挥带动发展较薄弱镇街的青年作用，凝聚周围青少年，关心青少年成长发展，促使其能与他人、与社区、与学校、与家庭、与社会产生积极正能量的链接，能更加健康快乐的成长。从而提高全区"青年之家"整体的影响力和服务能力。同时走出万春、天府"青年之家"落地社区，整合各镇街、区内中小学、企业等各类资源，紧贴时事热点，在各镇街、中小学轮流开展了规模较大、有影响力的活动。并依托志愿者服务，聚集 W 区优秀高校青年，引导青年志愿者开展有特色、有亮点的志愿服务，参与社会公益事务，加强青年志愿者与中学生志愿者的拉手结对，传递志愿者精神，培养青少年对 W 区的热爱之情。

开展相关正能量活动，引导青少年积极用正确的方法积极的心态面对生活的挫折和情绪，同时对特殊情况青少年开展个别辅导服务，弘扬正能量，营造青年正气之风。同时活跃万春、天府"青年之家"阵地服务，设计各类亲子互动、青年家长支持、阅读、手工等服务，让万春、天府"青年之家"成为周边社区青年的互动纽带。

本年度，W 区团属"青年之家"积极整合学校、企业、社区等资源，培育高校青年志愿者队伍，深入青少年群体，以"爱党丹心桥""公益爱心桥""幸福温馨桥""普法同心桥""大运连心桥"等为切入点，积极开展各类公益服务活动近百次。

（一）"爱党丹心桥"思想引领活动

结合 2021 年是中国共产党建党 100 周年这一重要时间节点，积极开展"学党史""讲红色故事""红色书籍分享会"等活动，引导广大青少年学习了解中国共产党的发展历程，培养爱国热情，树立远大理想抱负。

（二）"公益爱心桥"志愿者服务计划

充分利用驻温高校资源。结合西南财经大学的专业特色和青少年财商教育重要性的背景，在万春、天府"青年之家"开展"财商素养营"，促使青少年理解金钱，形成健康向上的金钱观、价值观联结驻温高校志愿服务资源，丰富"青年之家"手工活动，开展"菁彩手工坊"吸引更多青少年、家长参与活动。在环保宣传方面，以游戏、视频、街头快闪等方式宣传垃圾分类，以青少年的方式参与垃圾分类，以青少年的身份影响家庭乃至社会，助力垃圾分类的推进。积极开展"青年讲给少年听"励志讲堂。挖掘高校志愿者资源，联络优秀大学生，开展优秀青年榜样励志讲堂，走进中小学，以优秀大学生为榜样，开展"给未来的自己"等成长经验演讲会，以优秀大学生实际学习经验为例，引导中学生奋发努力，做到最好的自己。"青·爱"中学团员志愿者服务模式推广。前期"青·爱"项目开展效果甚好，本周期项目将继续结合"青·爱"中学团员志愿者服务队的实际情况，持续在成都师范学院附属学校开展志愿服务项目，充分发挥中学团员志愿者的先进性、模范性，用"青·爱"模式打开 W 区中学志愿服务大门。开展"童眼看 W 区"之"小小 W 区推荐官"。本版块以青少年活动为载体，打卡 W 区的地方特色（地标建筑、美食美店、新奇发布、传统文化等），以青少年视角感受 W 区发展。针对四川农业大学、西南财经大学、成都师范学院、成都中医药大学等高校志愿者，建立完善的志愿者管理制度、激励制度，针对志愿者队伍开展培训团建支持性服务，宣扬志愿者精神，提升志愿服务能力。

（三）"幸福温馨桥"和谐亲子关系增能计划

"幸福温馨桥"和谐亲子关系增能计划分为"走进幸福""播种幸福""拥抱幸福"等三方面内容。其中"走进幸福"方面，通过组织亲子家庭开展"不一样的游戏童年"年代游戏互动，让孩子体验父母的童年游戏，父母体验当下孩子们的新玩法。以游戏为媒介，减少代沟，使彼此更加了解，从而拉近亲子间的关系。"播种幸福"方面组织亲子家庭开展郊游、徒步、农场体验活动，创造更多亲子相处的机会，让父母与孩子在大自然中共同学习，分享感动和乐趣。"拥抱幸福"方面，以传统节日、童话动漫、阅读等青少年喜闻乐见的主题开展家庭聚会。为亲子家庭提供沟通交流的平台，促进家庭和谐。

（四）"普法同心桥"普法维权拓展计划

利用 W 区各中小学、各校、社区等资源，以普法维权宣传和特殊关爱两种形式覆盖全区青少年。通过普法维权小剧场、游戏体验营等形式向辖区内青少年普及法律知识，提高青少年的自我保护意识和能力；联合各镇街团委，针对特殊青少年群体开展困境关爱活动，避免青少年产生不正常的社会化倾向和自我伤害。

1. "法与少年"普法维权小剧场

以"观看小剧—解读小剧—互动学习"的方式，联结四川艺术学院志愿者、司法部门、公安部门等，社会工作者与志愿者一同就当下热议的青少年法律知识、典型案例进行讨论和筛选，改编剧本，排练成小型舞台剧，拍摄有关普法维权的小视频。

2. "阳光少年"普法维权游戏营

普法维游戏营以游戏为载体，结合当下青少年喜欢的综艺类节目游戏，将相关法律知识设计成"积木叠叠高""你画我猜""王牌对王牌"等互动竞赛游戏，在各中小学、社区开展体验活动，在游戏中普及相关法律知识和毒品安全知识。

3. "爱与少年"困境儿童关爱活动

田园社会工作者在团区委的指导下，积极联合各镇街团委，针对辖区内贫困家庭青少年、残疾青少年、农村留守儿童、服刑人员未成年子女、流浪乞讨未成年人等特殊青少年群体开展关爱帮扶和支持服务。

（五）"大运连心桥"助力大运特别活动

配合团区委围绕"爱成都·迎大运"、青年友好城市营造共建共治共享行动等各项工作。组织开展"爱成都·迎大运"知识竞赛、宣传会、微大运等趣味体验式活动，宣传大运会相关知识，和 W 区一起迎接大运、拥抱大运。

六、服务评估

（一）评估方法

1. 问卷法

社会工作者通过问卷、访谈等形式，对青少年及其家长或其他相关人员进行调查研究，搜集开展服务工作所需要的相关资料，从而提出更具针对性和有效性的服务方案和服务技巧。

2. 观察法

根据本项目的目标，社会工作者用自己的感官和辅助工具去直接观察被研究对象，从而获得开展活动所需要的资料。

3. 资料分析法

根据本项目的需要，通过查阅相关文献来获得所需要的资料，从而全面地、正确地了解和掌握所要解决的问题。

4. 访谈法

通过访员与受访人面对面地交谈来了解受访人对项目的评价以及建议或意见。

（二）评估内容

本项目在一年的周期内，以万春、天府"青年之家"为主要阵地，带动发展较薄弱镇街的"青年之家"。

一是走出万春、天府"青年之家"落地社区，整合了各镇街、区内中小学、企业等各类资源，并紧贴时事热点，在各镇街、中小学轮流开展规模较大、有影响力的活动。

二是依托志愿者服务，聚集 W 优秀高校青年，引导青年志愿者开展有特色、有亮点的志愿服务，参与社会公益事务。加强了青年志愿者与中学生志愿者的拉手结对，传递了志愿者精神。在引领正能量之外，培养了青少年对 W 区的热爱之情。

三是在全区各镇街、中小学开展普法维权及心理辅导服务，引导青少年用正确的方法、积极的心态面对生活的挫折和情绪。同时对特殊情况青少年开展个别辅导服务，弘扬正能量，营造青年正气之风。

四是活跃万春、天府"青年之家"阵地服务，设计各类亲子互动、青年家长支持、阅读、手工等服务，让万春、天府"青年之家"继续成为周边社区青年的互动纽带。

五是提高了青少年事务专职社会工作者的业务能力和专业性，提供了高质量服务的技术保障。

六、总结与反思

根据去年项目工作的经验，2021 年积极调整服务策略。在项目活动数量上有所减少，更加注重质量的提升，更加有针对性地开展各类亲子活动、文化活动、普法活动。与 W 区团区委保持良好沟通，结合疫情防控需要，线上活动与线下活动相结合，与学校和社区联动，积极开展服务。

需要加强整合各镇街、区内中小学、企业等各类资源，紧贴时事热点，在各镇街、中小学轮流开展规模较大、有影响力的活动。进一步聚焦 W 区优秀高校青年，引导青年志愿者开展有特色、有亮点的志愿服务，参与社会公益事务，培养青少年对 W 区的热爱之情。

提高青少年事务专职社会工作者的业务能力和专业性，做好提供高质量服务的技术保障。建立专业自我，包括专业社会工作应有的价值观、素质、工作态度和行为，更好地将社会工作专业的技巧和介入方法融入实际的服务当中去，运用专业知识帮助青少年解决和改善存在的问题。

案例二　街道社会工作站疫情防控服务

一、案例背景

随着成都市新一轮新型冠状病毒肺炎的出现，在 J 区 J 街道内确诊一例本土病例，根据国务院应对新冠肺炎疫情联防控机制关于科学划分、精准管控等工作要求和省市专家综合评估，经成都市 J 区新型冠状肺炎病毒疫情防控指挥部研究决定：自 2021 年 11 月 4 日起，将锦江区的风险等级由低风险调整为中风险地区。此次疫情反复，导致 J 区的全部居民居家隔离，给居民带来了不同程度的心理恐慌，突如其来的隔离和一些负面信息也客观造成了他们情绪的波动，一部分人心理受到冲击，产生焦虑、恐慌、失眠等症状。

成都市 A 社会工作服务中心专注于城市社区发展，以"协力构建更具幸福感的社区"

为使命，通过参与式的方法培育社区社会资本，推动社区发展。承接了成都市J街道2021年社会工作服务试点示范项目，项目以支持培育辖区专业社会组织，培育孵化社区自组织为主线，聚焦社区孤残、失独、空巢、残障（1～2级）且年龄在70岁以上的老年人为主要服务对象，细化社区服务类型，夯实社区治理基础，强化社区资本。疫情期间，A社会工作服务中心响应政府号召，落实政策要求，积极参与到疫情防控工作中，通过线上线下相结合的方式为辖区内居民提供社会服务，帮助居民度过疫情。

二、需求分析

（一）服务需求

1. 心理健康需求

突如其来的疫情，致使居民居家隔离，长时间隔离给居民带来了不同程度的心理恐慌与压抑，严重者导致家庭关系紧张、个人身体不适等问题。

2. 亲子活动需求

居家隔离后，家庭亲子关系问题、亲子教育问题等都值得关注，如何增进亲子间的情感，做好亲职教育是居民们非常关注的问题。

3. 基本生活问题

疫情导致居民们封控在家，其基本生活受到一定影响，尤其是独居老人、残障人士、一线工作者子女等弱势群体，亟须社区工作人员加以关心和帮助。

（二）理论分析

1. 优势视角

优势视角是社会工作中的一种全新工作理念，是关注人的内在力量和优势资源的理论视角，强调应当把人们及其环境中的优势和资源作为社会工作助人过程中所关注的焦点，而非关注其问题和病理，着重于挖掘服务对象自身的优点，帮助服务对象认识其优势，从而达到解决服务对象外在或潜在的问题。

2. 社会支持理论

社会支持网络指的是一组个人之间的接触，通过这些接触，个人得以维持社会身份并且获得情绪支持、物质援助和服务、信息与新的社会接触。依据社会支持理论的观点，一个人所拥有的社会支持网络越强大，就越能够很好地应对各种来自环境的挑战。以社会支持理论取向的社会工作，强调通过干预个人的社会网络来改变其在个人生活中的作用，特别对那些社会网络资源不足或者利用社会网络的能力不足的个体，社会工作者致力于给他们以必要的帮助，帮助他们扩大社会网络资源，提高其利用社会网络的能力。

三、服务计划

（一）服务目标

（1）与街道、社区工作人员共同协作，保证秩序正常运转的同时有效、科学助力防控疫情。

（2）坚持以心换心，用心用情解决群众急难愁盼，改进和完善工作措施，在防控中赢得居民的支持和认同。

（3）缓解和清除居民在家中而产生的焦虑与急躁，让居民在居家生活中依旧保持积极向上、多元有趣的生活方式。

（二）具体计划

（1）缓解居家隔离焦虑情绪，建立防疫心理咨询热线。

（2）"开展时空伴随有你，疫情宅家不孤单"系列线上活动。

（3）创建生活供需平台，保障居民基本生活需求。

四、服务过程

结合本次疫情形势及 J 街道实况，组织开展线上线下三大行动，以线上主题活动为主丰富居民们隔离期间的生活，缓解其心理压力，解决居家期间的亲子关系问题和教育问题，提升个体、家庭和社区防疫能力。

（一）缓解居家隔离焦虑情绪，建立防疫心理咨询热线

为切实做好新冠肺炎疫情防控心理咨询工作，有效预防成都市民因疫情所导致的心理困扰，缓解身心压力，疏导不良情绪，降低恐惧心理和焦虑情绪，J 街道社会工作站紧急开通疫情心理援助热线，机构派驻社会工作者轮流值班，在线为有心理困扰的居民提供及时帮助。

（二）"时空伴随有你，疫情宅家不孤单"系列线上活动

为丰富居民居家生活，感受到彼此支持的力量，缓解长期居家带来的矛盾问题，社会工作站依托小区微信群，开展丰富多彩的线上活动，至少开展 5 类不同主题的活动，包括但不限于线上阅读、线上打卡、线上文化、线上手工、线上心理健康类讲座、线上疫情主题绘本、线上疫期邻里互助类主题活动，以此为居民居家生活增添乐趣，提升居民防疫意识、防疫能力，同时提升个体免疫力。

1. 活动一：线上读书会·让阅读这件小事，不再孤独

试用年龄：12 岁以下及其亲子家庭。

活动简介："我们在阅读的时候不是一张白纸，而是用自己的回忆、个性、预期、偏见、价值观，与文本当中的语词摩擦、碰撞、融合、交接。阅读文学作品，不同于探囊取

物，快速阅读也并非能事。"

活动过程：疫情期间，邀请居民小朋友进入线上读书群，分享近日的阅读计划及阅读心得，共同吸收精神养分。每日 11：00 时空伴随者将精选一些阅读内容在群里与大家分享。

2. 活动二：身心乐活

试用年龄：社区全龄人群。

活动简介：在家里的这个超长假期里，我们已经欣赏到各种花式"杀"时间的高招。不妨让健身、音乐、艺术等各专业级会玩选手们带你摆脱懒散，激发自己新的灵感。

活动过程：疫情期间，邀请居民进入线上微信群，时空伴随者准备了一个特殊的房间，号召大家用一点热情应对生活残酷面。每天花 10 分钟完成 1 个小目标并群内打卡，坚持记录 14 天，用 140 分钟的进化，给今年画一个完美的句号。你的每一次提升，我们为它欢呼！同时我们也希望你能够在房间中，被别人的 10 分钟目标进化结果启发。发现自己的更多喜好，扩展你的精神边界。

3. 活动三：线上文化活动

活动简介：丰富居民文化生活，充实日常生活时间，推动建立趣缘群体，搭建其交流平台，形成相互支持力量。线上学习文化类活动可以有多种类型，包括书法、朗读、扎染、英语学习、手工、绘画、演讲等各种类型，可根据社区居民具体需求进行确定。

活动过程：疫情期间，进入线上微信群，在居民群中发起朗读、主持、英语、手工制作、读书会等学习类文化生活活动，邀请相关专业老师进行相关教学，推动居民形成趣缘小社群，相互监督学习。

4. 活动四：运动类活动

适用年龄：12 岁以下儿童及其家庭。

活动简介：主要覆盖 0～12 岁的孩子，通过运动游戏增强儿童身体免疫力，同时通过亲子运动、家庭运动，促进亲子互动，增加亲子时光，培养孩子团队合作意识。

5. 活动五：手工类活动

适用年龄：12 岁以下儿童及家庭。

活动简介：以手工制作、剪纸画形式为主，培养儿童对艺术的热爱，提升儿童动手能力，增进亲子关系，缓解疫情期间的焦虑。

6. 活动六：心理/健康类活动

适用年龄：18 岁以下青少年及其家庭。

活动简介：针对儿童成长发育不同年龄段，为家庭提供缓解情绪和心理支持的亲子小游戏。应对儿童或家长疫情期间出现焦虑和恐慌情绪异常，呼吸不畅、胸闷、失眠等躯体和行为异常现象。

7. 活动七：绘本类活动

适用年龄：8 岁儿童家庭。

活动简介：以 3 本疫情相关的经典绘本为主题，采用绘本阅读和游戏互动相结合的方式，让儿童在轻松的氛围中感受病毒的危害和病毒传播过程，增强对勤洗手等行为的认知，缓解对病毒的恐惧情绪。

8. 活动八：线上征集活动

活动简介：通过征集线上活动，让社区邻里彼此能够看到对方的生活，感受到彼此支持的力量，同时丰富居家生活，创造家庭成员共同某项活动的机会，缓解长期居家带来的家庭成员之间的矛盾。

具体做法：搭建各类展示平台，面向居民招募征集声音、画画、亲子活动、倡导行动、环保作品、摄影作品等，表现形式可以是视频、画作、手工作品、音频、照片、故事等。

（三）创建生活供需平台，保障居民基本生活需求

1. 确定生活物资采购渠道

通过线上各大商超或购物平台采买生活用品，包括盒马鲜生、益民菜市、沃尔玛、叮咚买菜、永辉超市、舞东风、京东到家、朴朴等；通过美团外卖、饿了么、闪送、达达等方式采买熟食；通过小区及周边小超市、店铺、商家小程序或微信群采买物品；通过亲戚、朋友、同事等帮忙采买，送到统一配送点。

考虑到居民食品卫生安全，街道工作人员会将《居民封控期间生活物资购买配送建议指南》发送到每个居民单元微信群，建议居民通过 8 家生活物资、食品供应企业采购生活物资。

2. 确定生活物资领取流程

生活物资配送流程：一是采买的物资先堆放在物资统一接收点，进行消毒、捆绑、标记（清楚标记电话、姓名、房号），再分门别类地放在对应单元的货架上。二是在规定时间内集中配送（每天上午 10：00—12：00，下午 4：00—6：00）。三是工作人员按楼栋装车，由疫情物资运输车从物资接收点转运至小区接收点（生活广场大门），再由工作人员卸货，传递给缓冲区社区志愿者。四是社区统一调配社区志愿者，提前安排院内配送路线和配送点位，社区志愿者接收物品后，用购物车将物资配送到相应单元楼下大厅。

贵重物品（电脑、移动硬盘、文件等物品）配送流程：一是在物资统一接收点，专设贵重物品接收处，工作人员收到物品后，做好登记和标记。二是由专人每半个小时配送一次。三是将贵重物品交给缓冲区物业工作人员，由物业工作人员点对点交给居民本人。

五、服务评估

疫情期间，J 街道社会工作站积极开展线上线下服务，取得了显著服务成效。一是有效缓解了居民们的焦虑情绪。J 街道社会工作站开通 24 小时心理服务热线，居民主动拨打热线、寻求帮助。针对特殊人群，社会工作者定期电话回访，了解其生活状态和情绪状

态，及时给予有效帮助，热线服务累计服务 600 余人次，有效缓解居民的焦虑情绪。其中，有一位中度抑郁症患者主动求助社会工作者，由于小区封闭，她无法及时就诊，导致情绪波动大，带来了严重的亲子冲突。社会工作者充当中介者角色，第一时间联系专业心理咨询师志愿者，为其理清内在认知，协助其改变行为习惯，缓解亲子矛盾。

二是丰富了居民们的居家生活，减少了家庭矛盾的发生。通过系列线上活动，丰富了居民居家生活，儿童活动为家长提供了喘息机会，老年活动为老年人们提供了娱乐新方式。J 街道社会工作站开展线上活动以来，共提供 29 项线上活动，共整合辖区 12 位专业服务师资力量，累计服务人次 862 人。

三是切实解决了居民们的生活问题。J 街道社会工作站联合凯丽香江小区工作人员一同提供了便捷的物资购买方式，避免了居民在隔离生活担心吃不到新鲜的瓜果蔬菜的情况，封控期间累计提供物资配送服务 120 余户，有效满足了封控期间居民的生活需求。

六、总结与反思

在公共突发事件中，社会工作者应充分发挥自身作用参与到疫情防控中，重视"五社联动"作用发挥，团结更多的力量、整合更多的资源、拓宽更多的领域，通过融合、创新、借力、整合来满足社会大众日益提升的专业化、多元化、个性化的需求。

案例三　涉罪未成年人个案帮教服务

一、案例背景

Z 市心公益社会工作服务中心成立于 2013 年 7 月，是在 Z 市民政局登记注册的 4A 社会组织。心公益秉承"助人自助"的价值理念，专注于家庭综合社会工作服务和社区的发展。帮助求助家庭的发展，运用自身和社会的资源，增强家庭日常功能，解决家庭问题和改善家庭关系；立足社区，通过参与式的方法，培育社区互助、促进社区文化、协力居民自组织的发展，构建守望相助的和谐社区。

2019 年开始，Z 市心公益社会工服务中心与市检察院合作，共同开启涉罪青少年提供服务，从涉罪未成年人进入司法流程开始，为涉罪青少年个案服务对象开展社会调查工作，了解其案件情况和成长经历，评估其需求，协助其了解司法刑事流程和相关法律知识，疏导不良情绪；在服务对象取保候审或附条件不起诉后，通过帮教服务，降低其再犯风险，顺利应对案件中的困难与问题，帮助其尽早回归社会。

服务对象 X 为 Z 市人，因醉酒后和朋友聚众打架斗殴致人受伤涉罪，Z 市雁江区人民检察院考虑服务对象 X 犯罪时未满十八周岁，具有自首、赔偿被害人损失并取得谅解的从轻、减轻处罚情节，对服务对象 X 采取附条件不起诉，考验期为六个月，Z 市心公益社会工作服务中心社会工作者接案后开始对服务对象 X 展开个人帮教工作。

二、需求分析

(一) 服务对象基本状况

1. 生理情况

服务对象 X 身高 176cm，身材适中，无疾病史、无遗传病史、无文身，身体健康。

2. 心理情况

自我意识比较强，心里较为敏感，不喜欢别人管束他。

3. 法律法规认知情况

服务对象 X 认为和社会上的朋友一起参与打架是重义气的表现，法律认识不足。后在其母亲的陪同下，到公安机关投案，并如实供述了自己犯罪事实，说明其对自己有一定的反思，悔罪态度比较好。

4. 学习状况

小学阶段成绩较好，初一读完后转到其他学校就读，成绩开始下滑，初中毕业后在职高院校就读安检专业，案件发生后，服务对象 X 学籍仍保留在学校。

(二) 家庭与社会关系状况

1. 家庭状况

服务对象 X 家庭属于单亲家庭，与母亲共同生活，其父亲在其 8 岁时因车祸去世，爷爷、奶奶前两年也去世了。服务对象 X 本人、母亲和外公外婆身体健康，母亲之前投资了成都到 Z 市的大巴车，有一定的收入，现在有房租收入，近期在帮亲戚带小孩。服务对象 X 母亲经常到成都出差，对服务对象 X 疏于管教，服务对象 X 到公安机关投案之前其母亲对案件并不知情，对服务对象的社会关系网络也不了解。案发之后，服务对象 X 母亲对他的接纳和支持态度较好，陪同他参加公安机关及检察院的各项环节。

2. 社会关系状况

目前服务对象 X 的朋友有初中时的同学、在社会上的朋友（包括本案的其他同案人员）、在学校的师生等，无恋爱关系，与朋友经常聚在一起打游戏、吃饭、唱歌、喝酒等，平时和亲戚朋友来往比较多，如图 5-1 所示。

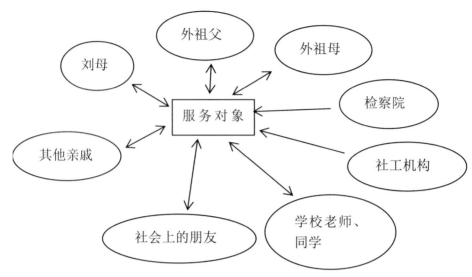

图 5-1　服务对象 X 的社会生态系统图

（三）服务对象的需求分析

1. 就业方面

目前服务对象在朋友一家网店帮忙，在抖音上请网红卖纸巾等家用物品，帮朋友开车、算账等，收入为一个月七八千。原计划想去当兵，但是因为附条件不起诉，需要监督考察，所以没有去成。目前，服务对象有意愿今年申请去当兵，如果不能当兵，计划去叔叔公司帮忙，然后回来做点小生意。

2. 法律法规知识方面

服务对象法律知识较为欠缺，对于违法行为及其后果了解不清晰，法律意识淡薄，司法社会工作者希望服务对象 X 能够加强法律知识的学习，提高法律素养。

3. 社会交往问题

服务对象的朋友大多为社会人士，人际关系较为复杂，做事较为冲动，且存在打架就是讲义气这种错误认知。

（四）理论分析

社会心理模式强调人和环境是一个互动的体系，人的内部心里与其外部环境的互动产生了人的特定思想和行为，人作为其生活的社会环境的一部分，整体中任何一个部分发生改变都会影响个体。人生活在特定的生活环境中，包括生理、心理和社会三个层面，在提供服务时应将服务对象的心理状态、心理过程同其生活的社会环境结合起来以找到恰当的问题解决方法。

三、服务计划

（一）服务目标

（1）加强法律意识，端正态度，按要求接受教育矫治，正确地认识犯罪，并且以后不会违法犯罪。

（2）帮助服务对象 X 树立正确的交友观念，正确了解自己，鼓励加引导，增强责任意识，正确面对人生。

（3）利用社会资源，鼓励其参加公益活动，提升个人综合能力和公益意识。

（4）改善家庭关系，鼓励服务对象 X 多与家人沟通，协助其家庭能够很好地接纳服务对象 X，并为其回归社会提供一定的帮助和支持。

（二）具体计划

（1）第一次服务：建立关系，澄清角色，明确双方责任与义务。

（2）第二次服务：进一步沟通，加强亲职教育，改善家庭关系。

（3）第三次服务：加强法律知识学习，提高法律素养。

（4）参与社会服务活动，培养正向意识。

（5）了解自己，规划未来。

四、介入过程

司法社会工作者计划通过开展亲职教育活动、个案服务，组织参加社会服务活动和学习法律知识等不定期了解服务对象 X 的心理、学习、生活、工作情况。

（一）建立关系，澄清角色，明确双方责任与义务

为建立专业关系，取得服务对象的信任，社会工作者与雁江区人民检察院、服务对象本人及服务对象母亲签订《延长附条件不起诉监督考察帮教协议》，澄清了个案帮扶过程中各自的角色期望与双方的责任和义务，向与服务对象 X 及其母亲一起沟通了本次帮教的长期目标是服务对象 X 能够在以后不会违法犯罪，在个人、家庭方面得到成长，社会支持系统增加。短期目标是坚持教育、感化、挽救原则，服务对象 X 能够在附条件不起诉监督考察期间，遵守法律法规，服从监督，按照考察机关的要求接受矫治和教育。同时协助服务对象 X 填写了《家庭成员分析表》，了解了服务对象 X 和家庭成员之间的关系。在帮教过程中，司法社会工作者同服务对象 X 及其母亲进行面对面的沟通，服务对象 X 向社会工作者交代了整个犯罪事件的经过，意识到了自己行为造成的后果，表示愿意接受社会工作者的帮教。同时，服务对象 X 母亲表达在考察期间，希望能够促进和引导服务对象 X 态度和行为的改变，自己也愿意配合工作。交谈结束，社会工作者同服务对象签订了个案协议等文件，约定了下一次个案面谈的时间。

（二）进一步沟通，加强亲职教育，改善家庭关系

为进一步了解服务对象信息，鼓励服务对象 X 多与家人沟通，协助服务对象 X 的家庭能够很好地接纳服务对象 X，并为其回归社会提供一定的帮助和支持。社会工作者约见了服务对象 X 母亲和服务对象 X，结合服务对象 X 填写的《家庭成员分析表》，进一步了解了服务对象 X 的家庭关系、成长环境以及家人对其在成长过程中的影响。在谈话过程中

服务对象 X 母亲陈述:"儿子平时是一个听话、懂事、孝顺的好孩子,对于案件的发生也感到非常吃惊,表示由于家庭变故和工作的原因导致对儿子缺乏关心和教育,使得服务对象 X 在消费认知、法律观念以及交友方面出现问题。同时也表示服务对象 X 平时比较关心母亲,比如生日、节假日、重要的时间节点都会主动给母亲打电话表示问候或者祝福,平时在家也会主动聊一些学校、朋友、外公外婆的事情。社会工作者回应了服务对象 X 母亲心中、眼中、口中的"乖儿子",鼓励服务对象 X 的母亲和服务对象 X 一起度过这段日子,并告知作为孩子的监护人,可以主动学习法律知识和孩子成长各个阶段的主要冲突、发展任务、发展需求,比如说儿童早期、儿童中期、青少年期、成年期等的需要,生理、心理、社会角色的变化,等等。在平时的生活中通过言行举止时刻影响着孩子的成长,履行好监护的职能职责,以身作则看护好自己的孩子,不能让他触碰法律底线,做一个遵纪守法的公民。

(三) 加强法律知识学习,提高法律素养

针对服务对象 X 法律意识不强造成打架等原因,社会工作者通过组织服务对象观看法律视频以及学习相关法律文件等措施,增强服务对象的法律意识,避免以后再次违法犯罪。在观看了《挣"快钱"的少年》《被打还手伤了人》《忏悔录-迷途的少年》等法律视频后,服务对象 X 表示内心无比悲痛和惋惜,由于缺乏法律意识,不知法懂法,造成了一系列悲剧,同时也意识到自己犯下的错误和造成的影响,明白了遵纪守法的重要性。此外,社会工作者还组织服务对象 X 学习《中华人民共和国治安管理处罚法》《中华人民共和国刑法》等,抄写和学习与自己相关的法律条例,并接受口头抽问,检验学习情况,服务对象 X 在学习后,回答问题正确数为 60% 左右,能够大致回答相关的问题。

(四) 参与社会服务活动,培养正向意识

为帮助服务对象 X 培养正向意识,拓宽交际圈,提升个人综合能力和公益意识,社会工作者协调安排服务对象 X 参加关爱失独老人、快乐成长少年儿童夏令营、"拥抱春天 亲近自然"绿色环保主题活动等社会服务。在探访失独老人的过程中,服务对象 X 主动同失独老人一起聊天,关心他们的生活,给他们带去了一些爱心物资,送去了温暖。走访结束后,服务对象 X 表示这项公益活动非常有意义,对他的思想做出了很大的改变,以后他会多多参加这类活动,秉承助人助己的价值观念,为需要帮助的人提供力所能及的帮助,提升自己的社会责任感。在担任快乐成长少年儿童夏令营的志愿者的过程中,服务对象 X 主动帮助教官完成训练,表示学习到了军人身上的优良作风和自强不息的品格,今后想成为一名军人保家卫国。在参加"拥抱春天 亲近自然"绿色环保主题活动中,服务对象 X 积极协助小朋友完成各项任务活动,成就感满满,希望以后遇到他人求助的时候,能够主动帮忙。

(五) 了解自己,规划未来

为帮助服务对象 X 全面深入了解自己,增强自我意识,正确面对和规划未来,社会工

作者引导服务对象 X 填写自我分析表格《我是一个……的人》，填写 20 个眼中的自己，然后逐个分析，每一个特点表现在什么地方，有哪些是自己正确认识到的，有哪些是潜藏的因素。通过自我认识活动，服务对象 X 进一步正确认识了自己，并写下一封反思信："各位老师及检察官好，我是 X，我已充分认识到自己的罪行，对自己的行为后悔不已。但我已经改变自己，努力成为一个对社会有帮助的人，我一直在努力学习法律知识，提升自己的文化知识，遵守法律不断增强自己的法律观，我现在已经懂得了法律的重要性，不会再像以前一样冲动不懂事，今后违法乱纪的事我保证不会再做。"同时，服务对象 X 同母亲商量后表示不想在学校念书，希望以后去当兵，能成为一名军人。

五、服务评估

（一）评估方法

1. 观察法

社会工作者从介入前后一直观察服务对象的变化，包括观察面谈中情绪的变化，观察其参加活动的情况和表现。

2. 服务对象自我评估

通过感受自身的变化，反馈给社会工作者来评估其服务目标的完成度。

（二）评估结果

服务对象 X 的反思情况："我的判决已经过了半年之久，我已经充分认识到自己的罪行，对自己的行为后悔不已。在这段时间里，我自觉加强自身修养，加强了自身的学习，丰富了自己的文化，也非常感谢各位社区的哥哥姐姐们，教会了我许多，我将会全心全意地回报社会和我的家人，做一个对社会有帮助的人，在以后的日子里好好做人，坚决不会再犯这类错误。"

通过服务对象 X 的自我反思和社会工作者的观察可以发现，在半年的帮教工作期间，服务对象 X 比较配合社会工作者的工作，家人之间相处比较友好，学习了相关的法律知识，社会服务活动中能够较好地服务他人，个人反思情况良好，较好地达到了帮教目的。目前有一份工作，收入能够保证自己的花销，对以后的生活有规划、有期待。

六、总结与反思

在帮教过程中，社会工作者始终坚持个别化、非批判等原则，通过资料收集充分了解服务对象以设计具有针对性的服务方案，帮助服务对象矫正不良行为，形成正确认知，重建良好的家庭关系。主要表现在以下几个方面，一是在帮助过程中通过重新认识自己，改变认知，找到目标。社会工作者运用认知治疗模式，帮助服务对象重新认识自己，了解自己的优势与特点，承认自己的现状，正视自身的问题，重新树立目标。二是重视家庭的作用，从家庭关系和家庭互动过程中找到服务对象的问题及其背后的原因，让家庭充分发挥其支持功能。

案例四　特殊困境儿童社会工作服务

一、案例背景

N市位于四川盆地东北、嘉陵江中游，辖3区1市5县，人口760万，幅员面积1.25万平方千米。N市的慈善工作在这片古老又贫困的土地上，经过多年的努力，通过开展数千场的慈善公益宣讲活动、数百场的慈善主题演出、印发数百万份的慈善宣传资料，在700多万果城人民心中形成了"崇善"的良好氛围。

N市是人口大市，特殊困难儿童群体数量庞大，据统计，农村留守儿童约11.74万人，困境儿童5万余人，其中孤儿2500余人，事实无人抚养儿童600余人，特困供养儿童650余人。在省总会的支持指导下，J社工中心参与了"乐天使"困难儿童帮扶项目，与N市慈善总会、S社会工作服务中心、慈善总会志愿者总队、西华师大、川北医学院、户外运动公益协会、红十字志愿者协会等多家单位（团队），围绕专业服务与志愿服务，以N市的3所学校为主要活动阵地，通过"多点实施"让40余名特殊困难儿童通过此项目直接受益，通过"项目延展"让该市所有儿童间接受益，一方面通过心理疏导、社工服务、课业辅导、素质拓展等系统专业服务，为特殊困难儿童群体提供一个开拓眼界、志智双扶的爱心平台，助力于困境儿童的成长；另一方面实现基层社会组织及志愿服务能力的提升，进一步夯实慈善事业发展基础条件。

二、需求分析

（一）生活环境改善的需求

部分特殊困难儿童因为家庭的实际困难情况或家庭的不重视，可能没有房间、可能房间里没有任何家具家电，生活环境非常简陋，此外生活上的不便利、不安全也容易引起孩子的自卑心理以及卫生习惯差等问题，非常不利于孩子们的健康成长。

（二）成长陪伴的需求

大多数特殊困难儿童都因父母外出打工、父母身体条件差等原因而缺少亲人的陪伴，而处于成长关键期的儿童们非常需要正向的、有爱和关怀的陪伴，以助力于他们的健康成长与发展。因而，服务对象有着较强的成长陪伴的需求。

（三）提升能力、开拓眼界的需求

大多数困境儿童因为家庭生活困难、父母外出务工缺少家庭教育，而没有机会参加艺术培训、兴趣课程或参观和认识本地文化，与同学、其他同年龄段的孩子相比他们的生活要单调和辛苦很多。因而，孩子们有着提升自我能力、开拓眼界的需求。

三、服务计划

（一）项目目标

1. 总目标

为特殊困难儿童群体提供开拓眼界、志智双扶的爱心平台，满足其实际需求，助力于他们的健康成长；充分挖掘和发挥慈善力量的作用，进一步夯实慈善事业发展基础条件。

2. 分目标

（1）为 2 位特殊困境儿童实现一间卧室的整体环境改善。

（2）项目针对 14 名特殊困境儿童开展 14 次爱心陪伴服务。

（3）项目针对 14 名特殊困境儿童开展 16 次赋能课程。

（4）项目针对 14 名特殊困境儿童开展 6 次集体拓展活动。

（5）省、市级主流媒体报道 4 次。

（6）各类爱心单位、爱心个人新媒体报道 20 条。

（二）服务内容

表 5-1　服务内容

序号	预设目标	实施安排	服务方法
1	成长环境改善	个别化服务	个案工作
2	爱心陪伴服务	认识新朋友 财商相伴 我和我的城市 认识情绪 我和我的祖国 我能遵守规则 多元智能 我是运动小达人 友谊第一，比赛第二 我是有用的人	小组工作
3	赋能课程	公益课堂健康教育及防疫知识 公益课程财商教育 编程课堂乐高课程 艺术课堂手工 艺术课堂美术 艺术课堂舞蹈 艺术课堂音乐	社区工作 ＋ 小组工作

续表

序号	预设目标	实施安排	服务方法
4	集体拓展活动	9.5 中华慈善日筹款活动 城市越野比赛 "10.25"重阳节活动 趣味运动联赛爱心单位联动	社区工作
5	主流媒体报道	邀请媒体报道	社会工作行政
6	爱心单位、爱心个人 新媒体报道	邀请报道；撰文投稿等	社会工作行政

四、服务过程

(一)爱心陪伴服务

1. 认识新朋友

为了协助"乐天使"们认识彼此，增进彼此的距离，建立初步的联系，社工及志愿者给"乐天使"们开展了第一次小组活动——"认识新朋友"。在活动最开始时，乐天使做自我介绍都显得十分腼腆，社工则对其进行鼓励与引导，使其一步步突破自己。活动中最精彩的环节莫过于安全教育知识普及时，"乐天使"们热情高涨，积极与社工进行互动。通过此次活动建立了组员之间的初步联系，拉近了彼此的距离。

2. 财商相伴

为了使"乐天使"们对金钱有正确的认知，树立财商意识，社工及志愿者给"乐天使"们开展了两次"财商相伴"课程活动，第一次课程主要是帮助乐天使了解什么是"三无产品"以及如何选择适合自己的、物美价廉的商品，以此来增进他们对食品安全的了解以及如何维护自身权益，第二次课程是协助他们如何去理财，分清什么是"想要"，什么是"必要"。两次课程都从不同的方面来帮助乐天使树立正确的金钱观，进而养成不乱花钱的好习惯。

3. 我与我的城市

为了增进乐天使对家乡的发展历史、历史名人、著名景点、城市建设的认识与了解，进而增强他们的归属感以及责任感，真正地热爱这所城市。社工及志愿者开展了"我与我的城市"小组活动。在活动中，社工以一名普通群众的角度，以城市发展亲历者、见证者、受益者为"乐天使"讲诉了近20年来N市重大历史事件和城市发展的新变化，围绕作为一名群众的幸福感、获得感、安全感，深入为孩子们介绍了城市，引导"乐天使"说出自己心中的家乡。除此之外，社工又以短视频的方式向"乐天使"展示N市群众追梦筑梦圆梦的多彩画卷，展示N市的历史性变化和南充人的精神品质。这次活动不仅增强了文明出行、爱城护城、助力文明城市创建的意识，而且共同营造了和谐社会和文明城市的美好氛围。

4. 认识情绪

为了帮助"乐天使"正确认识情绪、检省自己的情绪，理解情绪对个体社会生活和身心健康所具有的意义，掌握一定调节情绪的方法和技巧，学会管理自身情绪，构建愉悦心情，社工及志愿者开展了"认识情绪"小组活动。活动主要设计了认识情绪、表情变变变游戏、制作情绪转盘三个环节。在认识情绪环节，社工通过手工绘制了喜、怒、哀、乐四种人物表情，引导"乐天使"用丰富的表情将这四种情绪表达出来，认识人的基本情绪。第二个就是音乐律动游戏，表情变变变，通过游戏让乐天使体验不同的情绪，帮助孩子们学会如何管理情绪，怎么适当地发泄情绪。最后就是手工体验环节制作情绪转盘，"乐天使"利用简单的卡纸盒彩色笔，认真地将自己能想到的所有情绪制作成表情转盘，让"乐天使"们加深了对情绪的认识。最后"乐天使"把自己绘制的表情编成了情绪故事分享给了小伙伴。

5. 我和我的祖国

"我和我的祖国，一刻也不能分割，无论我走到哪里，都流出一首赞歌……"少年兴则国兴，少年强则国强；为从小培养"乐天使"的爱国情感，弘扬伟大的中华民族精神，社工组织开展了"我和我的祖国"小组活动。本次小组主题活动下设有"可爱的祖国""中国梦，中国强""少年强国说"和"理性爱国"4个子主题，从民族、地理、文化和历史等多个角度带领孩子认识祖国的广袤与精彩、多元与包容、古老与年轻，并从中激发乐天使的自豪感和爱国之情。通过本次小组活动，对乐天使起到了爱国主义教育，并将爱国主义情怀根植于了每个"乐天使"心中。

6. "我能遵守规则"

为了使"乐天使"理解规则的定义以及规则与和秩序的关系，形成"规则"意识，尊重规则、遵守规则、遵守纪律、维护公共秩序，社工及志愿者特此开展"我能遵守规则"小组活动，在活动中社工鼓励"乐天使"们自己写规则，并且小组讨论谈谈自己应该遵守怎样的规则以及不遵守规则的坏处在哪里。在讨论中，"乐天使"们发挥天马行空的想象，脑洞大开。除此之外，社工们也通过讲解 PPT 的方式，帮助"乐天使"们认识规则，从而树立规则意识。

7. 多元智能

为了了解"乐天使"处理冲突的能力，提高他们的人际沟通技巧，社工及志愿者特此开展"多元智能"小组活动，活动开始时社工为每位"乐天使"发放了一张人际交往卡片，让"乐天使"们在卡片上写上面对遇到这些人际问题该怎么处理。社工将收集到的人际交往卡片信息以团队心理活动的形式、通过运动体验和心理游戏的过程，培养"乐天使"的人际交往能力、语言表达能力、自信心、意志力和领导能力，帮助"乐天使"孩子解决心理问题，改善孩子的情绪问题，完善孩子的个性品质，培育人际交往技能。此次人际关系智能活动成效可观，"乐天使"小峰奶奶表示，宝贝在参与人际智能活动互动后，孙子由之前的内向变得逐渐开朗起来，沟通能力得到提升，整个人际关系开始活跃起来。

8. "我是运动小达人"

为了帮助"乐天使"在运动中锻炼身体，提升自己，社工及志愿者特此开展"我是运动小达人"小组活动。活动共分为四节，每节活动的针对点都不同。第一节"我是运动小达人"，主要是训练"乐天使"的反应能力，提高观察能力；第二节"我是运动小达人"，主要是训练"乐天使"的肢体语言，提高"乐天使"的想象能力，进而培养其言语及非言语的沟通表达能力；第三节"我是运动小达人"，主要是通过团队配合来培养团队协作能力，提高"乐天使"人力资源的合理分配和运用能力，培养他们的集体荣誉感，为团队勇于奉献的精神；第四节"我是运动小达人"，主要是培养组员的默契，提高对力量的判断。在四节活动中，"乐天使"们都展现出极好的配合能力，每一项活动，"乐天使"在社工及志愿者的组织引导下，都积极参与，勇敢尝试，争取胜利。"乐天使"在运动中不仅愉悦了身心，增强身体素质，而且懂得了合作，学会了谦让，体验了竞争，分享了快乐。在游戏过程中肢体的接触也进一步促进乐天使之间的友好关系，让其更加明白他们是一个整体，需要共同合作才能实现共赢。

9. 友谊第一，比赛第二

为了促进"乐天使"身心全面发展，训练"乐天使"手脚相互配合的灵活性、弹跳、速度、平衡以及耐力和爆发力，社工组织开展了"友谊第一，比赛第二"小组活动。比赛开始前，爱心志愿者带领"乐天使"做了简单的热身活动，并介绍了比赛规则及注意事项。随着社工"开始"的哨声，"乐天使"们双手紧握绳子两端，手腕和手臂协调用力，快速甩动绳子，随着双臂摇绳的节奏不停地跳着，只见一根根彩绳飞舞，一个个选手龙腾虎跃，一张张可爱的笑脸洋溢着喜悦。爱心志愿者则一对一地认真计数，场下的"乐天使"高呼计数，情绪高涨，把比赛推向高潮。跳绳比赛结束后，社工姐姐又组织"乐天使"玩了"解人结"游戏，通过"解人结"游戏促进小组之间的关系，培养"乐天使"团队的合作意识，让"乐天使"体会到激情与紧张齐在，友谊与比赛同存。

10. "我是有用的人"

为了增强"乐天使"的自信心，发现自我优点，进行自我鼓励，并利用优势视角发掘其他组员潜能，从而促进"乐天使"健康快乐成长，组织开展"我是有用的人"小组活动。首先社工通过和"乐天使"玩"欢乐拍手操"热身游戏放松心情，活跃了气氛。接着，是活动的第一个环节"这是我"，"乐天使"用纸和笔写下自己的潜能和优点，对自我的评价。这样的方式让"乐天使"充分挖掘自己，审视自己。活动第二个环节是"你眼中的我"，"乐天使"进行互评潜能和优点，通过他人对自己的评价，看到自己的优点，克服不自信的表现，培养"乐天使"自信表达及沟通方面的能力。两轮活动下来，在社工的引导下，乐天使重新认识自己的长处和短处，重现发现自己的优点，找回自信并定下改变的目标。最后社工给每位"乐天使"发了一张卡片。请每位"乐天使"写上自己对他人的祝福，"乐天使"在组员美好的关怀中结束了本节活动。本次活动增强了乐天使的自信心，提高了他们认识自我、悦纳自我的能力。

（二）赋能课程

1. 公益课堂健康教育及防疫知识

为增强儿童公共卫生安全知识，加强应急救护能力，提升保护能力，社工联合多个社工机构组织开展了健康教育及防疫知识讲座，邀请了援鄂医生曹医生分别为"乐天使"们讲述并实操"2020版心肺复苏术"和"六步洗手法"。同时，曹主任从一名普通援鄂医护人员的角度与同学们细细分享前往武汉支援的感人故事，揭秘了"乐天使"们心中的英雄形象。小琪同学说："我一直认为医生都很凶，没想到曹叔叔很可爱，很和蔼"。

2. 公益课堂财商教育

为了让"乐天使"们区分什么是"想要"，什么是"必要"，社工联合多个社工机构开展了公益课堂财商教育外出活动，由一名志愿者带领三名"乐天使"在永辉超市进行购物，每名孩子都被提供了30元活动经费。小组分配好后，孩子们都激动地冲进了超市，脸上洋溢着灿烂的笑容。超市大乐购举行的非常顺利，孩子们通过实践区分"想要"和"必要"等财商知识，这次的城市大乐购可以说是一次完美的实践。放弃了想喝的可乐等饮料，换成了同样解渴的矿泉水，放弃了好玩的玩具，换成了更多的学习用品。

3. 编程课堂乐高课程

"编程课堂乐高课程"小组活动共有三节，分别是：制作悬崖勒马、弹力小车、飞轮小车。其中在制作悬崖勒马时，乐高老师首先耐心地为"乐天使"们讲解了"悬崖勒马"的含义，然后一步一步地教"乐天使"们拼接原理和实操。虽然大部分乐天使之前没有接触过乐高，但"乐天使"们都很聪明，领悟能力很快。在乐高老师的引导下孩子们很快明白利用齿轮传动的主动轮与从动轮方向相反解决问题，一块块五颜六色的积木在"乐天使"们灵巧的小手中焕发出勃勃生机。

4. 艺术课堂手工

为了锻炼乐天使的动手能力，让乐天使多方面发展，享受手工制作带来的快乐，社工组织开展了"艺术课堂手工"小组活动。本次手工课共有两节，一节是瓶子改造，一节是制作花朵。瓶子改造时，大家围坐一堂，"乐天使"们在社工及志愿者的引导下根据从家里带来的酱油瓶、老干妈瓶、牛奶瓶等形态各异的瓶子用心地构思自己想要去创作的物品，然后再进行构图设计。用毛线、麻绳等材料加对家里的空瓶加以装饰，一件件独特的作品就呈现在彼此的面前。社工在根据组员们的作品风格、分析用材，为儿童们的创意再加一层灵感。在制作花朵活动中，"乐天使"掌握了手工花制作方法，并感受到了手工制作带来的快乐和成就感，拿着自己亲手制作的花，乐天使个个都露出了满意的笑容。

5. 艺术课堂美术

为了提高乐天使的绘画能力，培养他们对美术的热爱与兴趣，社工组织开展了"我所在的城市"和"主题作画"主题活动。在第一节活动中，"乐天使"用绘画的形式，通过自己的双手，充分发挥各自的创造力，画出他们眼中的家乡、丝绸、嘉陵江、桑叶还有大大的锅盔……每位"乐天使"的作品无不倾注了一个个美好心愿，展现出对美丽的南充的赞美之情，抒发出对南充的热爱之情，同时让志愿者赶到吃惊的是，除了部分"乐天使"的绘画天赋外，更多的是孩子天马行空的想象。在第二节活动中，"乐天使"们围绕"认识情绪""我是有用的人""我能遵守规则""我和我的祖国"为主题展开绘画课。用水粉画、线描、蜡笔画等多样绘画方法，在大绘画纸上抒发自己的情绪，和对美好未来的期盼和对祖国的无限热爱及对祖国的衷心祝福。此次主题课展了"乐天使"丰富的想象力、创新能力和绘画才华。同时也为"乐天使"提供了一个展示特长的平台，提升了"乐天使"的综合素质，同时通过此次主题课社工及时掌握了乐天使前期的学习成果，对小组活动效果评估提供了依据。

6. 艺术课堂舞蹈

为了让"乐天使"们掌握舞蹈的感觉、力度和舞蹈的方位，培养身体协调性，同时锻炼身体，培养团队合作能力，激发学习舞蹈的兴趣，社工组织开展了"艺术课堂舞蹈"小组活动。根据"乐天使"的建议和喜好，将舞蹈定为《卡路里》，因为这个舞蹈给人青春活力的感觉。此活动共分为三节，在最开始的时候练习了一些基本动作之后，舞蹈老师又通过舞蹈游戏互动、肢体放松训练以及冥想放松等方式，让"乐天使"通过有趣的方式更快地融入舞蹈里，提高"乐天使"对自我身体的感知能力。尽管有的儿童的肢体不那么协调，但是他们仍然坚持，没说过放弃……

7. 艺术课堂音乐

为了让"乐天使"聆听歌曲感受情绪，激发对唱歌的兴趣，社工以歌曲《我和我的祖国》为脉络，通过学习和歌唱爱国歌曲激发孩子们的爱国热情。秉承着简单易学、通俗易懂的原则，音乐老师首先带着"乐天使"先进行发声练习，唱歌先练声，从基础开始，教导"乐天使"使用正确的唱歌方法。随后通过不同声阶的练习，提高"乐天使"对音乐的感知。在练声打开声道之后，老师教学员们学习了合唱的方法和对歌词的理解，"乐天使"收获很多，参与的热情和积极度很高。

（三）外出拓展

1. 9.5 中华慈善日筹款活动

9月5日下午，来自N市三区的40名困境儿童作为"乐天使"困境儿童群体关爱对象、民政局及多家社会组织共同参与"华慈善日筹款活动"，增加社会公众对困境儿童关爱以及对儿童困境的关注和深层次思考。活动现场，社会组织举办形式新颖多样、特色鲜明、群众踊跃参与的慈善活动。爱心商家送惠于民，以游戏、打折的方式营造慈善宣传氛围。志愿者们通过"线上＋线下"宣传渠道、发放宣传单的形式积极向群众宣传"慈善法"，营造慈善氛围，进一步夯实N市慈善事业发展基础条件。

2. 城市越野比赛

本次城市越野赛要求每个组员在拥有 5 元钱基本金的前提下，按照既定路线前往打卡点，使用积极的方式通过自我努力赚取团队午餐费。在最开始的时候大家左瞅瞅，右瞧瞧，迟迟不敢行动，直到小丹勇敢地踏出第一步。她和伙伴走向游乐场的阿姨，有礼貌地说道："阿姨，我们在参加一个任务，我可不可以给你演唱一首歌，然后你支持我一元钱啊？"一开始懵圈的阿姨看见周边都穿着"乐天使"和"爱心志愿者"马甲的人群好像明白了，她应下："可以。""轻轻敲醒沉睡的心灵慢慢张开你的眼睛……"胆怯的小丹在志愿者的鼓励下收下阿姨支持的一元钱，整个小团队看到了希望，纷纷踏出成长第一步。随后的公园里，随处可见"乐天使"们三五成群互相壮胆，以魔术表演、演唱歌曲、剪刀石头布等方式与市民互动。这次活动使他们勇敢踏出第一步，学会适应陌生环境，给予团队支持，通过积极的自我努力满足自我需求。

3. "10.25"重阳节活动

为进一步弘扬尊老、爱老、敬老的良好风尚，营建浓厚的爱老敬老文化氛围，"乐天使"来到 J 区福利院开展"爱老敬老，情暖重阳"关爱活动。活动中，"乐天使"们为老人们放声歌唱、教起时尚轻松的健身操和舞蹈，还为老人们送上了通过自己双手赚钱买到的围巾。现场不时响起阵阵掌声，气氛热烈而快乐。表演节目后，"乐天使"们给老人们捶背、陪老人们聊天，其乐融融的老少共庆重阳的场景格外温馨，也很感动。"乐天使"的到来为老人们的节日增添了不一样的乐趣；而老年人的热情也让"乐天使"们感受到了关怀与爱，让他们更有信心走过人生路程。

4. 趣味运动联赛爱心单位联动

阳光明媚的下午在专业教练的指导下"乐天使"们同台竞技，趣味交流。此次运动会设置了五人四足、无敌风火轮、坐地起算等丰富多彩的项目，通过游戏可以提升孩子的反应力及快速计算能力。"乐天使"们热情饱满，斗志昂扬，团结协作，默契配合，妙趣横生，身影矫健。志愿者们在旁辅助，给"乐天使"们加油打气，传授自己的心得。赛场上笑声不断，掌声迭起，全场充满了热烈、欢乐、祥和的气氛。直到所有项目全部结束，乐天使仍然兴致勃勃、意犹未尽，教练临时又增加了"爱的抱抱"比赛项目。此次运动会为孩子们提供了一个树立自信、展示自我的平台，孩子们在运动中发挥了积极、健康、向上的运动精神，增强了集体荣誉感和竞争意识，锻炼了动作的协调性和灵活性，从中体验到合作与交往的快乐。

五、服务评估

（一）服务目标完成情况

"乐天使"音乐夏令营针对 N 市特殊困难儿童切实需求，通过"共同研究、分点执行"的形式，以专业社工为主要执行人，以成长环境改造、社工服务、心理辅导、户外拓展等系统专业服务为基础，为特殊困难儿童提供重塑信心、展示自我的平台，提供开阔视野、增长见识的机会，帮助他们树立自信心，提高生活与学习的能力，从而促进"乐天使"们的全面发展。在此过程中，项目积极链接其他社工机构与慈善力量，共同发力，实现基层社会组织及志愿服务能力的提升，进一步夯实慈善事业发展基础条件。本项目的服务目标顺利达成。

（二）满意度调查情况

项目结束时发放了 14 份"乐天使"问卷，分别从活动满意度、需求满足度、活动安排和适度、工作人员态度、收获与感受等层面评估项目完成情况，共回收有效问卷 14 份，满意度高达 99％。项目结束了，孩子们表示盼望着和社工姐姐、志愿者哥哥姐姐们再见面，并对夏令营工作人员表达感谢。夏令营工作已经结束，但对 14 个孩子的关注仍在继续。

六、总结与反思

（一）多方助力，共助特困儿童成长

在本项目中，由慈善会主办、社会组织承办、链接爱心志愿者和社会爱心公众，提供了资金、物质、专业力量、专业服务等多方面的资源，由多方力量共同助力于特困儿童的成长，一方面达到了为 N 市特殊困难儿童提供一次重塑信心、展示自我的平台和开阔视野、增长见识的机会设计初衷；另一方面引起了社会公众对特殊困难儿童群体的关注与讨论，发掘和充分发挥了慈善力量的作用，进一步夯实慈善事业发展基础条件，今后在其他领域慈善力量也能够发挥作用、解决社会问题、推动社会发展。

（二）广泛宣传获取社会关注

特殊困难儿童是一个数量庞大的群体，也是一个面临着生理、心理、社会等多方面困境的群体，因而单靠一个项目和部分的社会力量还无法覆盖到所有的特困儿童及他们的困境。因此，借由本项目的实施对项目整体进行过程化、系统化、长期化、立体化的宣传，在全方位、多角度、多维度展示项目，树立项目品牌效应的同时，弘扬慈善文化、传播现代慈善理念，以获得社会公众的广泛关注和支持，有了更多力量的加入将能够推动特困儿童群体的健康发展和全面成长。

（三）完善的过程记录探索服务路径

实施服务记录不仅有助于社工跟进工作，检视所提供的服务是否适合当事人，还有助于对工作过程进行管理和监督，对项目进行总结和反思，接受终期性评估与考察。因此，在做好服务的过程中一定还要注意做好记录和资料的管理工作，确保既有服务也有凭证，既有现在也为后期的工作做铺垫，从资料中总结经验以探索社会工作介入特殊困难儿童群体的路径与模式，助力于社会问题的解决、推动社会工作的本土化发展。

参 考 文 献

[1] 刘泽伟. 宏观社会工作实务程序指引：一个经典框架的创新 [J]. 中国社会工作，2021，(28)：30－32.

[2] 黄文莲. 社会工作介入生态文明建设的可行性及路径研究 [D]. 广东：广东工业大学，2021.

[3] 沈黎，吕静淑，廖美莲. 社会工作伦理的三种经典理论解释进路 [J]. 社会工作，2021，(01)：31－42，106.

[4] 方香廷，李晓娇. 中国特色社会工作的价值选择 [J]. 中国社会工作，2021，(01)：34－36.

[5] 吴静. 农村公共事务治理中的公民参与度提升研究 [D]. 上海：华东政法大学，2020.

[6] 蒋晓莹. 社会工作保密伦理与利益冲突 [D]. 武汉：华中师范大学，2020.

[7] 殷玉如. 社会工作专业课程课堂与原著阅读结合方法探讨——以现代社会福利思想课程为例 [J]. 教育教学论坛，2020，(18)：75－76.

[8] 王颖. 社会工作介入居民协商议事能力培养的事务研究 [D]. 北京：北京工业大学，2020.

[9] 张莹. 社会工作参与退休员工再社会化研究 [D]. 长春：长春理工大学，2020.

[10] 靳雨佳. 青少年社会工作者胜任力的构建与应用 [D]. 深圳：深圳大学，2019.

[11] 叶良海. 清单式治理推动下的城市社区治理结构转型研究 [D]. 武汉：武汉大学，2019.

[12] 吴施. 乡村治理中公共事务自主治理的研究 [D]. 南昌：南昌大学，2019.

[13] 马春雨农村公共事务合作共治模式研究 [D]. 南京：南京大学，2018.

[14] 何威. 治理共同体建构：城市社区协商治理研究 [D]. 上海：华东师范大学，2018.

[15] 杨威威. 重返社会工作经典研究：探析"人在环境中"理论内涵与方法拓展 [J]. 社会工作与管理，2018，18 (02)：19－29.

[16] 常畅. 积极心理学在社区社会工作中的应用 [D]. 武汉：华中师范大学，2017.

[17] 徐玲玉. 社区社会工作在社区传统文化传承中的应用 [D]. 苏州：苏州大学，2017.

[18] 王守颂. 社会工作与精准扶贫的耦合性研究 [J]. 前沿，2016，(12)：52－56，61.

［19］张月春．中国乡村治理机制问题研究［D］．大连：辽宁师范大学，2016．

［20］吴满．情理之间：公共事务中的动员式治理［D］．上海：华东师范大学，2016．

［21］解建达．资源依赖视角下社会工作机构发展策略研究［D］．杭州：浙江理工大学，2016．

［22］杨慧．社会脆弱性分析：灾难社会工作的重要面向［J］．西南民族大学学报（人文社科版），2015，36（05）：8－12．